Atravessagem

CIP-BRASIL. CATALOGAÇÃO NA PUBLICAÇÃO
SINDICATO NACIONAL DOS EDITORES DE LIVROS, RJ

M443a

Medina, Cremilda de Araújo, 1942-
　Atravessagem : reflexos e reflexões na memória de repórter / Cremilda Medina. – 1. ed. – São Paulo : Summus, 2014.

　ISBN 978-85-323-0943-3

　1. Jornalismo - Brasil. 2. Profissão Repórter. 3. Reportagens. I. Título.

14-08892　　　　　　　　　　　　　　　　　　CDD: 079.81
　　　　　　　　　　　　　　　　　　　　　　CDU: 070(81)

www.summus.com.br

Compre em lugar de fotocopiar.
Cada real que você dá por um livro recompensa seus autores
e os convida a produzir mais sobre o tema;
incentiva seus editores a encomendar, traduzir e publicar
outras obras sobre o assunto;
e paga aos livreiros por estocar e levar até você livros
para a sua informação e o seu entretenimento.
Cada real que você dá pela fotocópia não autorizada de um livro
financia o crime
e ajuda a matar a produção intelectual de seu país.

Atravessagem

Reflexos e reflexões na memória de repórter

C R E M I L D A   M E D I N A

ATRAVESSAGEM
Reflexos e reflexões na memória de repórter
Copyright © 2014 by Cremilda Medina
Direitos desta edição reservados por Summus Editorial

Editora executiva: **Soraia Bini Cury**
Editora assistente: **Salete Del Guerra**
Imagem de capa: **Daniel Araújo Medina**
Projeto gráfico e diagramação: **Crayon Editorial**
Impressão: **Sumago Gráfica Editorial**

Summus Editorial
Departamento editorial
Rua Itapicuru, 613 – 7º andar
05006-000 – São Paulo – SP
Fone: (11) 3872-3322
Fax: (11) 3872-7476
http://www.summus.com.br
e-mail: summus@summus.com.br

Atendimento ao consumidor
Summus Editorial
Fone: (11) 3865-9890

Vendas por atacado
Fone: (11) 3873-8638
Fax: (11) 3872-7476
e-mail: vendas@summus.com.br

Impresso no Brasil

(À guisa de dedicatória ao autor do
poema que inspira esta *Atravessagem)*

Através do rio, não à margem,
É que se fere a luta da atravessagem.
Através do rio, líquido leito,
Arranquei meus olhos para ver direito.
Pelo rio em chamas, ácido braço,
Vou sem vela ou leme, por um
rumo que não traço.
Não escolho o rio que atravesso
Nem sei direito, no meio da corrente,
Se estou de partida ou de regresso.

Sinval Medina
Memorial de Santa Cruz, romance de 1982

Sumário

Prefácio – Travessia para o futuro 9
Sinval Medina

Anotações à margem da autora 15

Reflexos I: A vida na reportagem 21
A história dos meninos ladrões de Bogotá (1972) 23
Gamines, do encanto ao sicariato (2013) 33
    Raúl Osorio Vargas
Reflexões I: Poética da interpretação 37

Reflexos II: Contextos sociais, complexidade e dialogia . . 51
A conquista de melhor qualidade de vida (1985) 55
Memória do mutirão (2013) 63
    Pedro Ortiz
Elis, fôlego e resistência num país chamado Brasil (1981) 65
A morte no espelho (1985) 69
Reflexões II: Metáforas da rua 75

Reflexos III: Jogo de contradições 96
Quem tem medo dos prazeres virtuais? (1998) 98
Reflexões III: Memória da travessia 114
Novas manifestações, velhos paradigmas (2013) 120

Reflexos IV: O gesto da arte **133**

A magia do reencontro, a força perene de Oswaldo Guayasamín (2008) . **135**

Não só o Equador vive o tempo de Guayasamín (1977) **137**

Diário de Moscou (1983) **149**

Visita a tio Herculano (1977) **171**

Reflexões IV: Palavras de afeto **175**

Posfácio – Chiquita bacana "só faz o que manda seu coração" **179**
   Dimas A. Künsch

Prefácio
Travessia para o futuro

SINVAL MEDINA[1]

PASSADOS MAIS DE 50 ANOS de peregrinação afetiva e intelectual pelas ásperas veredas do cotidiano, Cremilda continua a me surpreender com sua inesgotável energia criativa. Pouco mais de um ano depois da publicação de *Casas da viagem – De bem com a vida ou no mundo dos afetos*, que ela definiu como um livro de memórias, deixando no ar uma pergunta: seria um "adeus às armas"?, ei-la de volta, mais guerreira do que nunca, com este instigante *Atravessagem – Reflexos e reflexões na memória de repórter*.

Se em *Casas da viagem* Cremilda se voltava para o passado com um olhar recorrente, mas não saudosista, agora, sem pretensões proféticas, ela assume uma postura claramente prospectiva.

Dizer que o livro, ao entremear textos autorais com reflexão crítica, realiza a tão apregoada e pouco praticada junção da teoria com a prática seria chover no molhado. Para Cremilda, o trabalho de campo como repórter e a investigação científica como professora e pesquisadora sempre foram a cara e a coroa da mes-

---

1. Sinval Medina, jornalista e romancista, tem se dedicado também ao ensaio e a livros em prosa e em poesia para crianças. Entre seus romances, *Tratado da altura das estrelas* conquistou, em 1999, o primeiro prêmio da Bienal de Literatura de Passo Fundo; dos mais recentes, *O cavaleiro da terra de ninguém* saiu em 2012 pela editora Prumo e, em 2013, seu primeiro e-book, *O corcunda de Bizâncio*, foi disponibilizado na internet pela editora Descaminhos. Dos infantojuvenis, publicou pela Companhia das Letrinhas *João e o bicho papão* (2012), em parceria com a artista plástica Renata Bueno. *A batalha de Porto Alegre, 3 de outubro de 1930*, em segunda edição (a primeira foi lançada em 2010), figura entre seus livros de não ficção, justamente no lastro do título que inaugurou sua carreira de escritor, *Dicionário de história da enciclopédia do ensino secundário*, publicado pela antiga editora Globo em 1969.

ma moeda. Por mais de cinco décadas de atuação profissional, ela vivenciou ao mesmo tempo o tumulto das redações e os embates da academia. *Atravessagem* é o resultado dessa experiência única e reveladora.

Cremilda e eu fomos colegas no curso de Jornalismo da Universidade Federal do Rio Grande do Sul (UFRGS), onde nos conhecemos em dezembro de 1960. Desde então, muito temos discutido sobre o alcance da razão e o poder da emoção na vida individual e social. Naquele tempo, ainda que não demarcassem campos excludentes, existencialismo e materialismo dialético fascinavam os jovens estudantes. Eu me deixara fascinar por um marxismo de algibeira, aprendido nas cartilhas da Academia de Ciências da União Soviética. Cremilda, aluna do último ano da Aliança Francesa de Porto Alegre, flertava com Merleau-Ponty, Albert Camus e Jean-Paul Sartre.

Nos tempos de chumbo que se sucederam ao golpe militar de 1964 – ano em que nos casamos –, a militância contra a ditadura aplainou as divergências filosóficas. Num primeiro momento, era preciso sobreviver sem se render. Migramos para São Paulo em 1971. Fomos contratados como auxiliares de ensino na Escola de Comunicações e Artes da Universidade de São Paulo (ECA/USP). Ingressamos no primeiro curso de pós-graduação em Comunicação Social criado na América Latina. A ditadura, a pretexto de combater os grupos armados que a confrontavam, tentava sufocar por meio de ameaças, perseguições e cassações as vozes discordantes. Acossados pelo ultimato calhorda do "ame-o ou deixe-o", muitos companheiros partiam para o exílio voluntário. Cremilda e eu chegamos a pensar na alternativa. Acabamos optando por ficar. Havia brechas, ainda que estreitas e arriscadas, para a resistência pacífica. A ditadura não duraria para sempre.

Nessa época, o debate entre os estudiosos da comunicação social se bifurcava em duas grandes linhas: de um lado, os que buscavam respostas pela via do estruturalismo, dissecando o discurso, a mensagem, o texto, e desconsiderando a teia de relações sociais e interindividuais em que se produz o ato comunicacional. Eram os adeptos da semiologia, ciência que tivera origem na linguística de Saussure e se desenvolvera extraordinariamente na segunda metade do século 20. De outro, os críticos da chamada cultura de massas, ancorados na sociologia, viam a grande mídia como um instrumento de manipulação de consciências a serviço das relações de produção capitalistas.

Tal embate ganhava cores ideológicas, na medida em que os semiólogos, ao se refugiarem em estudos que assumiam ares de ciência exata, eram acusados de se encastelar em torres de marfim para fugir à luta contra a ditadura. Já os adeptos da crítica social ao sistema midiático empresarial – especialmente à televisão e à publicidade – esgrimiam suas teses como armas de luta contra o regime. Tratava-se de um confronto entre o Bem e o Mal, este último representado por vilões como o cinema norte-americano, a Rede Globo e os jornalões conservadores.

Nesse cenário, Cremilda defende na ECA/USP, em 1975, a dissertação *A estrutura da mensagem jornalística*, tornando-se a primeira pesquisadora no continente a obter o título de mestre em Ciências da Comunicação por uma universidade latino-americana. Além do pioneirismo, o trabalho representa uma ruptura com a dicotomia que emperrava os estudos da área, propondo uma visão ao mesmo tempo estrutural e sociológica da notícia jornalística. O mestrado de Cremilda se transformaria no livro *Notícia, um produto à venda*, um clássico até hoje adotado nos cursos de Comunicação Social do país.

Pelo título, o livro foi de imediato associado à teoria de manipulação das consciências. A notícia jornalística não passaria de um "produto" vendido, assim como a pasta de dente ou o sabão em pó no mercado. Mas não se tratava disso. Na verdade, Cremilda rompia com o "paradigma dos efeitos" nos estudos de comunicação social, ao mostrar a multiplicidade e complexidade de forças presentes na produção, distribuição e recepção da notícia, analisando a mensagem jornalística tanto do ponto de vista histórico e sociológico quanto do de sua estrutura narrativa.

Na década de 1970, Cremilda já tivera contato com o pensamento de Thomas Khun, expresso em *A estrutura das revoluções científicas*, que consagraria a noção de "paradigma". *Notícia, um produto à venda* representa a superação do "teto de ideias" que até então aprisionava os teóricos do jornalismo e da comunicação social. Abria-se caminho para o surgimento de novas indagações, novos questionamentos, novas dúvidas. E é a insatisfação com o conhecimento estabelecido, mais do que a reiteração de respostas, que leva os velhos paradigmas ao esgotamento.

As inquietações de Cremilda a levariam a se aproximar de colegas de outros campos do conhecimento, na própria USP. Como repórter, no papel de mediadora social, ela se mantinha em permanente diálogo com cientistas das mais diversas áreas. Desses contatos, surgiria, em 1990, o Projeto Plural, um foro interdisciplinar de discussão sobre os rumos da ciência e da sociedade contemporânea.

O grande legado desses encontros, dos quais participaram físicos, médicos, economistas, psicólogos, poetas, ficcionistas, juristas, historiadores, matemáticos, filósofos, teólogos, enfim, representantes das mais diversas correntes de pensamento, foi a constatação de que todos viviam momentos de profunda incerteza. As ferramentas conceituais de que dispunham pareciam obsoletas ou inadequadas para explicar certos fenômenos.

Em outras palavras, o universo apolíneo das ciências exatas (ironicamente chamadas pelos céticos de "duras e desumanas") era contestado pelas forças dionisíacas da vida vivida. O desconforto atingia também os praticantes das disciplinas ditas humanísticas. Nesse contexto, um crescente número de especialistas de todos os campos do saber passava a admitir que a razão, ainda que poderosa, não pode tudo. O saber científico acumulado a partir do Renascimento, cujos pilares são o pensamento de Copérnico, Galileu, Newton e Descartes, esbarrava nas rugosidades do real. O pensamento mítico-religioso, cuja morte fora anunciada por Augusto Comte, crescia com força redobrada. As utopias do "homem novo" e do "igualitarismo", alimentadas por ideologias de direita e de esquerda que se proclamavam "racionais", haviam produzido fenômenos sociais teratológicos como o nazifascismo e o estalinismo. Os avanços científicos permitiam o transplante de órgãos, mas também haviam criado a possibilidade da destruição do mundo pelas armas nucleares. Nunca houvera tantos famintos nem tantos obesos sobre a face da Terra.

É em meio a essa crise do pensamento científico contemporâneo – a tão alardeada "crise de paradigmas" – que surge o Projeto Plural, coordenado por Cremilda Medina na USP. A essa altura, sem nunca se afastar do exercício do jornalismo (sem deixar de ser repórter, como prefere), ela já havia percorrido todos os degraus da carreira acadêmica. Como professora titular da ECA/USP, promove seminários com cientistas de todas as áreas, num trabalho que resulta na publicação de 15 livros e 52 coletâneas.

No decorrer desses encontros, Cremilda percebe que a crise não é um fenômeno restrito às altas esferas do conhecimento, como anunciou Thomas Khun em seu livro seminal. O modo como o homem comum vê o mundo é fortemente influenciado pelos grandes pensadores pós-renascentistas. Conceitos como *evolu-*

ção, progresso, causa e efeito, ordem e caos, previsibilidade e tantos outros que pautam o comportamento cotidiano das pessoas não são dados de realidade, mas construções simbólicas (historicamente datadas) que permitem interagir socialmente e atuar sobre o real.

Desde a publicação de *A arte de tecer o presente,* seu primeiro livro, datado de 1972, Cremilda Medina questiona o jornalismo baseado nos dogmas positivistas do século 19. Ela jamais aceitou a fórmula da notícia esquemática, enganadoramente racional, consagrada pelos manuais norte-americanos clássicos. O lide sumário, a pirâmide invertida, a entrevista em forma de pergunta e resposta, técnicas ainda hoje ensinadas aos estudantes de Comunicação Social, arrancam da narrativa jornalística o que ela tem de mais vital – a emoção.

Como bem o demonstra a autora, jornalistas e cientistas navegam no mesmo barco. A crise do paradigma positivista coloca-os diante de um angustiante desafio: como conciliar a inestimável herança do Iluminismo com formas não racionais de convivência com a realidade? Como convidar Apolo e Dionísio para a mesma celebração? Em que termos estabelecer uma convivência frutífera entre as luzes da razão e a impenetrabilidade do mistério?

Essas perguntas têm sido a estrela guia da obra de Cremilda Medina. Uma pergunta que ela apregoa como a boa nova da Era de Incertezas em que estamos todos mergulhados.

Anotações à margem da autora

Atravessagem POR QUÊ? Porque este livro atravessa duas vertentes: o exercício profissional e a reflexão acadêmica. Tenho conjugado teoria e prática em meus mais recentes títulos sobre o jornalismo e a comunicação social – *A arte de tecer o presente – Narrativa e cotidiano* (2003); *O signo da relação – Comunicação e pedagogia dos afetos* (2006); *Ciência e jornalismo – Da herança positivista ao diálogo dos afetos* (2008). Selecionei para cada um deles uma reportagem de minha autoria para que o leitor pudesse avaliar até que ponto pratico a proposta defendida na esfera conceitual. E levei às últimas consequências a gênese e o desenvolvimento do pensar-agir em *Casas da viagem – De bem com a vida ou no mundo dos afetos* (2012), no qual relembro minha trajetória pessoal. Aí se torna explícito o casamento indissolúvel entre teoria proveniente da pesquisa e prática desenvolvida no jornalismo.

Agora decidi eleger uma antologia cronológica de reportagens – *Reflexos* de períodos de trabalho na grande imprensa em São Paulo –, articulada com ensaios, cujas *Reflexões* decorrem dos estudos universitários. Devo confessar a escolha primordial que me acompanha em todas as etapas a partir dos primeiros anos da década de 1960. Entrei na Faculdade de Filosofia, Ciências e Letras da Universidade Federal do Rio Grande do Sul por duas vias – Jornalismo e Letras Clássicas. A formatura em Jornalismo, no dia 31 de março de 1964, marcou definitivamente a caminhada da resistência na luta pela redemocratização do país. A formatura em Letras, em dezembro de 1964, consagrou o gosto pela literatura e a formação pedagógica que as disciplinas de didática geral e aplicada motivaram quando fui chamada à mesma universidade para iniciar outro percurso, o de educadora. O cruzamento da pesquisa sobre a linguagem dialógica na relação professor-aluno com a pesquisa sobre o diálogo social no jornalismo promoveram, a partir daí, a interação entre a reflexão teórica e os reflexos pragmáticos.

Eis o motivo por que me propus intercalar nesta *Atravessagem* os *Reflexos* do exercício profissional e as *Reflexões* da pesquisa sobre a linguagem dialógica.

Mesmo quando fui mobilizada por cargos de redatora nos meios de comunicação ou de educadora no ensino universitário, de editora na grande imprensa ou de dirigente do complexo de mídias na Universidade de São Paulo (CCS-USP), sempre preservei o lugar eleito aos 18 anos. Lugar esse que se situa na rua, no movimento em direção ao Outro, na busca democrática do *Diálogo possível*, na observação desarmada do que se passa à volta, na percepção curiosa perante outras culturas para ensaiar compreender as diferenças. Tanto na teoria como na prática, tenho sido vigilante com a racionalidade analítica, elegendo como ponto de partida os sinais sensíveis do contato vivo com a realidade. Em outros termos, *ser repórter* consciente dos limites técnicos, atenta aos riscos éticos e assumindo a estética autoral nas mediações sociais. Espero que, de certa forma, as reportagens aqui transcritas, bem como os ensaios teóricos, espelhem a travessia de cinco décadas.

Em maio de 2013, ao falar para um grande auditório em Rio Verde, Goiás, na conferência de abertura de um encontro do Centro-Oeste da Intercom, cujo tema me atraiu sobremaneira, "Comunicação em tempo de redes sociais, afetos, emoções, subjetividades", fiquei eu própria emocionada quando, no debate com participantes – professores e jovens estudantes de graduação –, senti quanto repercute uma anotação teórica exemplificada por determinada situação vivida no jornalismo.

A experiência acadêmica vem confirmando, ao longo do tempo, o interesse pela proposta. O texto que foi extraído da minha tese de doutorado, *Modo de ser, Mo'dizer*, defendida na Universidade de São Paulo em 1986, publicado pela editora Ática no mesmo ano e até hoje presente nas escolas de Comunicação, tem alcance nos debates nacionais. No entanto, *Entrevista – O diálogo possível*, um texto exclusivamente de reflexão, vem acompanhado de um conjunto de reportagens que flagravam o contexto social, as histórias de vida dos protagonistas, as raízes culturais e os diagnósticos/prognósticos das fontes especializadas de um estudo de caso: a expansão urbana do bairro de Higienópolis em São Paulo, do século 19 ao 20. Essa grande reportagem ficou inédita; dela selecionei apenas um texto para um dos livros mais recentes, *Ciência e jornalismo – Da herança positivista ao diálogo dos afetos* (2008).

No exame da banca de doutorado percebi também quanto acadêmicos mais sensíveis se interessam pelo toque humanizado das narrativas da contemporaneidade, pois as reportagens de Higienópolis mobilizaram a interlocução universitária, deixando em segundo plano a reflexão sobre a entrevista. Do título de doutora ao de livre-docente (1989) e à titularidade (1993) na USP, os textos de histórias humanas, *Reflexos da reportagem*, persistiram atraindo a leitura dos examinadores, de tal forma que a ensaística da *Reflexão acadêmica* realmente ocupou o plano de fundo. Diria, de outra forma, que *a cena viva* se reflete no *mundo das ideias*. Ou, no sentido inverso, a reflexão conceitual apura a captação do acontecer contemporâneo na reportagem.

Episódios como o recente debate em Goiás ou em outros ambientes das ciências da comunicação inspiraram a presente proposta. Trata-se, pois, de recuperar um processo de quatro décadas em São Paulo. Afinal, foi no planalto paulista que a vocação de repórter amadureceu definitivamente. Embora a tenha praticado tão logo entrei na faculdade, em 1961, na imprensa estudantil gaúcha, depois, na extinta *Revista do Globo* (1929-1967) de Porto Alegre, deixei de lado os primeiros passos e preferi escolher aqui *Reflexos e Reflexões* dos anos 1970 em diante. Justamente a partir daí assumi a pesquisa, alicerce da cultura uspiana, em comunhão com crescentes oportunidades jornalísticas no mercado externo à universidade.

Talvez se a resistência cultural (iniciada na noite da formatura em Jornalismo) não integrasse de forma tão persistente a prática à teoria, os primeiros anos da década de 1970 provocariam um peso maior da reflexão teórica. No entanto, foi justamente a defesa cotidiana da responsabilidade social do jornalista na formação dos jovens estudantes de graduação – na época, tema desenvolvido em meu primeiro livro, *A arte de tecer o presente* (1973) – que provocou a ira da repressão da ditadura militar. O projeto acadêmico na USP e na América Latina se interrompeu em 1975 e aí se sucederam dez anos de intensa atividade no jornal *O Estado de S. Paulo*.

Desse período, poucos dos inúmeros casos de reportagem foram selecionados. De copidesque a editora e a repórter especial, o exercício profissional, calçado pela intensa pesquisa como professora de Jornalismo do final dos anos 1960 até 1975 nas universidades do Rio Grande do Sul e de São Paulo, não me deixou acomodada na atitude burocrática, nem na academia nem nas empresas de comunicação. A sina de repórter estava traçada.

Com a abertura política, outro ciclo acadêmico se inicia em 1986, dessa vez integralmente dedicado à USP. Ocorreria novamente a tentação da entrega à teoria, fruto da maturidade reflexiva, da ampla coleta bibliográfica de autores nacionais e internacionais, de estudos de caso e da pesquisa empírica desenvolvida em várias latitudes, com prioridade para a América Latina. Mas a velha recusa à dicotomia teoria-prática aflorou nas situações que se sucederam novamente na USP e na circulação em outras universidades do país e do exterior. Desse período, que se alarga até hoje, colhi alguns *Reflexos ensaísticos*.

Ao mesmo tempo, ao dirigir os meios de comunicação social da USP de 1999 a 2006, a ação prática exigia a aplicação da teoria, o que resultou no projeto *O signo da relação*, ênfase da narrativa dos profissionais da então Coordenadoria de Comunicação Social. O projeto, transcrito em livro e em relatórios, dá conta do elo democrático ciência-sociedade, bem como de seu inverso, sociedade-ciência. A cobertura jornalística de agência de notícias, *USP online*, jornal, revistas, rádio e televisão saiu do vetor unidirecional da divulgação da ciência para criar um ambiente comunicional, o *signo da relação*. Houve, nessa experiência de nove anos, uma interação contínua do projeto operacional nas mídias da USP com a pesquisa que se processa no ensino de graduação e de pós-graduação, nomeada *Diálogo social*. Aplicável, diga-se de passagem, a qualquer esfera de cobertura na comunicação social.

Quanto à graduação especificamente, outro histórico comparece à memória de repórter. De 1986 à primeira década do século 21, um projeto de livro-reportagem desenvolvido por estudantes de Jornalismo e de outros cursos de graduação também aplica os subsídios teóricos do *Diálogo social*. Exponho neste volume a experiência que criei em 1987 na Escola de Comunicações e Artes da USP e que serviu de laboratório para *O signo da relação*. Os 27 títulos da coleção de livros-reportagem *São Paulo de Perfil*, cuja reflexão sobre esse projeto consta do ensaio *Metáforas da rua*, talvez seja um dos pontos culminantes da união indissolúvel entre a teoria e a prática do jornalismo.

Os acontecimentos nacionais de rua em junho de 2013 põem em evidência a força coletiva, a comunicação anônima, o signo da relação que sempre me chamaram à reportagem – no meu entender, a grande *narrativa da contemporaneidade*. Manifestantes jovens expressaram o novo grito de autonomia e afirmação da voz que ecoou profundamente na minha consciência: *Saímos do Facebook* e *viemos para a rua*. Afinal, na inesperada mobilização da cidadania brasileira, se reencontrou o espaço por excelência do contato corpo a corpo para o laço solidário das múltiplas demandas sociais em que o indivíduo se espelha. Na mesma época, os repórteres também saíram do lugar de conforto, nas redações, servindo-se da internet, para se juntar às multidões e se expor aos riscos da violência incontrolável, inclusive dirigida aos jornalistas. Afinal, lugar de repórter é na rua, onde vida e morte estão latentes.

De qualquer forma, na *memória de repórter* se expõe uma *Atravessagem* ainda inconclusa, tanto na história pessoal quanto na história de futuras gerações que não abdiquem da observação da cena viva e da escuta do Outro nas narrativas da contemporaneidade.

◥

P.S. – *Eu já havia acabado a primeira versão deste livro quando fui contemplada com um texto inesperado. O pesquisador Dimas A. Künsch, atual coordenador da pós-graduação da Faculdade Cásper Líbero de São Paulo, espaço em que surgiu o primeiro curso de Jornalismo no Brasil (1949), apresentou, em um seminário da Fundação de Amparo à Pesquisa do Estado de São Paulo (Fapesp) dedicado às contribuições de autores nacionais para as ciências da comunicação, uma avaliação do livro cuja primeira edição saiu nos anos 1970 e hoje continua ativo,* Notícia, um produto à venda, jornalismo na sociedade industrial. *Com a autorização do ensaísta, integrei esse texto ao corpo desta* Atravessagem, *na forma de posfácio.*

Surpreendente também foi o gesto afetivo no final da edição: além do poema-epígrafe que escolhi, Sinval Medina escreveu um prefácio: o elo entre razão e emoção se cumpriu.

Permanece latente, porém, a ação dos possíveis leitores que darão vida completa ao desejado signo da relação.

Reflexos I:
A vida na reportagem

A viagem à América Hispânica em 1972 abriu os poros à experiência e motivou a reflexão sobre o universo da latino-americanidade, aí incluído o Brasil. Já me foi dada a oportunidade de deixar registrado o encantamento da descoberta quando, em 2009, se comemorou em Marília, São Paulo, os 50 anos do Centro Internacional de Estudios Superiores de Comunicación para América Latina (Ciespal), com sede no Equador. Ao depoimento publicado nos anais do encontro que celebrou a travessia do jornalismo à comunicação em estudos mediáticos dei o título "Do difusionismo à dialogia democrática".

Em três meses de especialização em Quito, hoje monumento do patrimônio histórico mundial, mergulhei na condição social visível na capital e no interior andino, assim como no litoral para mim inusitado das águas do Pacífico. Os cursos oferecidos aos bolsistas latino-americanos, no caso jornalistas e professores (eu exercia a dupla profissionalização já radicada em São Paulo), exibiam discursos doutrinadores do Norte para o Sul, típico difusionismo na visão de mundo e nas técnicas profissionais. A vivacidade dos alunos (comunicadores latino-americanos), no entanto, propunha contrapontos provenientes da ação e do pensamento locais. Alguns prosseguiriam, nos árduos anos de ditaduras, a afirmação das vozes do "Hemisfério Sol" (metáfora de Sinval Medina para as terras do Sul). Muitos dos ciespalinos da década de 1970 se tornaram autores de teorias do jornalismo e da comunicação que implantam um signo de relação com o Norte (ou "Hemisfério Noite"), afastando o *complexo de vira-lata*.

Mas a experiência de contato vivo não se restringiu ao Equador. Passei um mês na Colômbia, a ver se percebia o que se ensinava sobre a disciplina em voga, o Jornalismo Científico. Frustração colhida no centro de estudos criado pela Organização dos Estados Americanos (OEA) em Bogotá: a divulgação da ciência sofria do mesmo mal de todos os demais difusionismos. O jornalista deveria aprender a *traduzir* os conteúdos científicos para a massa. Quase três décadas depois, estaria eu às voltas com o problema, dirigindo de 1999 a 2006 as mídias da Universidade de São Paulo. A caro custo trabalharia na reversão dessa ideologia para a circularidade ciência-sociedade, sociedade-ciência. Na concepção do signo da relação, nem o comunicador é um técnico tradutor nem a audiência social é massa. Enfim, esse é outro assunto sobre o qual escrevi artigos e livros.

O que me salvou em Bogotá, em 1972, foi a possibilidade de ir à rua exercer minha opção de repórter. Encontrei um fato curioso e montei a narrativa que ora seleciono dos arquivos. Às vésperas de 1973, o saudoso Jornal da Tarde (1966-2012) publicava a reportagem sobre *los gamines* de Bogotá, o que viria a se chamar mais tarde, no Brasil, de meninos de rua. Curioso que em São Paulo ainda mal se falava dos trombadinhas e em Porto Alegre, nos anos 1960, a pauta jornalística abordava os menores abandonados. De passagem, como já contei em *Casas da viagem* (2012), quando ainda frequentava o ensino médio, ao me sensibilizar com esta causa, decidi ser jornalista. Mas Bogotá, 12 anos depois, me proporcionou o contato com a infância de rua, na reportagem que agora recupero.

A história dos meninos ladrões de Bogotá

> *Jornal da Tarde*, pág. 6, 30/12/1972

EM BOGOTÁ, COLÔMBIA, VOCÊ PODE SE DIVERTIR SOFRENDO O ROUBO MAIS HABILIDOSO DA AMÉRICA LATINA

Cheguei a Bogotá com mil recomendações: segure bem a bolsa na rua, não ande sozinha à noite, não leve dinheiro ou pacotes quando sair – roubam demais o turista. Achei exagero. Quis saber se a imagem da cidade tinha fundamento e iniciei a reportagem: o ladrão de Bogotá é realmente o mais famoso da América Latina? A primeira história que contavam era a dos agentes da Scotland Yard que chegaram à capital da Colômbia para investigar um caso importante e já no aeroporto ficaram sem documentos, dinheiro e maletas. Depois vinha a história dos relógios – todos com quem conversava haviam sido vítimas de roubo do relógio. Os ladrões têm uma preferência toda especial por relógios e óculos. Arrancam os óculos do rosto, basta a armação ser diferente, um pouco mais atrativa. Entrevistava o chefe da Divisão de Informação, Polícia Judicial e Estatística Criminal (Dipec), da Polícia de Bogotá, e ele me interrompeu para advertir:

— Cuide de seus óculos, a armação chama a atenção e você está se arriscando a ser roubada. Eles lhe tiram os óculos diretamente do rosto e você não pode fazer nada, de tão rápido que agem.

Segui o conselho e guardei os óculos no estojo, dentro da bolsa. Nessa tarde, entrei num ônibus lotado, da zona norte (residencial) para o centro. Quando precisei dos óculos, no meio da tarde, procurei no estojo e nada. Fui roubada: conseguiram tirar os óculos de dentro do estojo, de dentro da bolsa, e deixaram o estojo no mesmo lugar, vazio. Foi no ônibus. Não senti absolutamente nada.

No dia seguinte, estava numa companhia de aviação comprando passagem para Cartagena, bolsa a tiracolo aberta enquanto tratava dos horários no balcão. De repente senti que a bolsa ficou mais leve, e foi só. Verifiquei e faltava a caderneta de anotações, o passaporte e minha passagem de volta ao Brasil. Nesse momento, comecei a acreditar: os ladrões de Bogotá merecem a fama.

Muitos furtos, poucos assaltos

A polícia da Colômbia mantém um serviço mensal de estatística da criminalidade nas principais cidades. O major Jaime Ramírez Gomez, chefe da Dipec, analisando os últimos dados, reforça sua posição: a criminalidade em Bogotá está centralizada nos roubos e furtos, a proporção de assassinatos é inexpressiva.

A malícia dos *raponeros*, ladrões que roubam relógios, óculos, correntes e carteiras nas ruas congestionadas; a habilidade dos *estafadores*, que usam cheques sem fundos; ou a desfaçatez dos *caseros*, que, de bicicleta, simulam a entrega de cartas e, enquanto a empregada atende à porta dos fundos outro ladrão entra pela porta da frente – são os tipos mais comentados em Bogotá. E o bogotano de certa forma se orgulha da eficiência de seu ladrão, incomparável na América Latina. A ponto de uma gangue de roubo de automóveis ser tão organizada que procede assim: roubam um carro, depois telefonam ao dono para marcar o resgate (num dos casos, 20 mil pesos para um carro no valor de 120 mil; o proprietário acaba aceitando as condições e lhe entregam o carro com outro aviso – o carro tem garantia contra roubo por dois anos. Passam-se dois meses e novamente lhe roubam o automóvel. E a garantia? Conversa de ladrão. Mas não demora para vir outro telefonema: desta vez a mesma gangue pedia desculpas, tinha havido engano, podia ficar descansado que o carro estava na garantia, seria devolvido imediatamente. E como se tratava de um "engano", e o grupo é muito organizado, o carro foi logo devolvido).

Nas ruas de Bogotá você encontra grupos de meninos (de 9 a 15 anos) que atraem por seu jeito simpático, malicioso. São os "caras sujas", nome pejorativo dos *gamines*, agentes diretos ou indiretos da maioria dos roubos. "Bogotá seria uma cidade muito tranquila sem essa criminalidade de ordem menor; há poucos assaltos e poucos assassinatos, a maior parte da delinquência é precisamente essa em que atuam os *gamines*." Mário Antônio Hurtado, Chefe do Grupo de Delitos contra a

Propriedade, da Polícia de Bogotá, mostra as estatísticas. A faixa etária em que se concentram as detenções: os infratores de 21 a 30 anos em primeiro lugar, os de 17 a 20 anos junto com a faixa de 31 a 40 anos, em segundo lugar. "Esses criminosos (apenas os que são presos) vêm, em geral, de uma experiência de *gamin*. A criminalidade em Bogotá, que se caracteriza pela alta incidência de furtos, está diretamente ligada ao problema do grande número de *gamines*" – Hurtado confirma o problema dos "caras sujas" como um dos mais sérios que a polícia enfrenta.

"Gamines: a peste!"

— Para mim, o primeiro roubo que a gente vai fazer deve ser coisa grande. Um roubo que dê boa grana. Por isso não vale a pena aprender a roubar coisa pequena, é preciso aprender a roubar para viver. A gente vive arriscando, não pode arriscar por nada.

Álvaro Perez, *gamín* de Bogotá, pensa assim. Pertence ao grupo dos "filósofos da rua". Primeira característica dos *gamines*: não são simples menores abandonados, jornaleiros ou pedintes – formam bandos com filosofia própria, assumem uma posição consciente contra a sociedade organizada. Vivem na rua e na rua adquirem um comportamento, o que chamam de "ser firme", de não pertencer ao mundo fechado dos adultos.

— Chamamos de *lleca* à rua, mas *lleca* é mais do que rua. É nossa casa. *Lleca* é noite também; à noite a gente sente com medo o dia seguinte, medo de que a polícia venha e pegue a gente. A gente se tapa com jornais, mas não basta porque faz muito frio aqui. Aí fazemos cama de soldado: nos apertamos bem para ficar o mais quente que dá. E com o costume a gente não sente tanto frio, pelo menos deixa de lamentar.

José Gutierrez, consagrado psiquiatra da Colômbia, publicou há dois meses um livro sobre os meninos ladrões de Bogotá (*Gamin, um ser olvidado*, McGraw-Hill, 1972). Sua teoria se desenvolveu a partir do estudo de casos como o de Álvaro Perez. Aos estudos sociológicos e levantamentos científicos, acrescentou a interpretação psicanalítica. Não admitia fazer mais uma descrição histórica do menor abandonado. Muitos autores têm tratado desse assunto, mas sem grande profundidade:

— Por muitos anos, o Estado colombiano, algumas associações cívicas e muitos indivíduos bem intencionados trabalharam na solução do problema dos *gamines*. Mas foram incapazes de ajudá-los eficazmente. Por quê? Precisamente porque é na profunda separação da vida de um *gamín* e da vida social comum que se apoia o significado da existência destes meninos. Os "benfeitores solidários" se preocupam em conseguir mudanças neles que os tornem membros respeitáveis da sociedade colombiana. E se relacionam com eles por meio de uma ajuda, uma caridade superior, sem nenhum interesse em trocar experiências com os "pequenos filósofos da rua".

Gutiérrez demorou muito para definir o que é um *gamín*. Na pesquisa, convivendo em casa com dois deles, chegou a entender que os "caras sujas" representam uma revolta contra a sociedade e contra a família em especial. Um *gamín* não é, em geral, um órfão, mas um menor que foge de casa e vive marginalizado.

— Quando volto para minha casa, penso que finalmente minha mãe vai me entender. Mas ela não gosta de mim. Ou, se gosta, não tem confiança em mim. Ela diz que sou mau e que não gosto dela. O que acontece é que aprendi muitas manhas da rua (Álvaro Perez, *gamín* que viveu na casa do psiquiatra José Gutierrez).

A cidade cresce mais do que São Paulo

Bogotá tem uma taxa de 6,77% de crescimento ao ano, mais alta que a de São Paulo (6%). É um fenômeno recente, de uns 15 anos. Diógenes Pardo, diretor do Instituto de Desenvolvimento Urbano (organismo criado há pouco tempo), atribui essa expansão, de Bogotá e de outras grandes cidades colombianas como Cali, Medellín e Barranquilla, às migrações do interior:

— A explosão desses movimentos migratórios está ligada, em primeiro lugar, à fase da violência no campo (de 1949 em diante) e depois à expectativa econômica que a grande cidade irradiou na era do transistor.

A população da cidade foi estimada, em julho deste ano [1972], pelo Departamento de Estatística do governo, em 2.818.300 habitantes. 13,01% da população ativa estão desempregados. O déficit de habitação nas zonas marginalizadas da capital é bastante elevado, porque os planos nacionais de moradia atingem principalmente a classe média. Todos esses fatores, analisados pelo diretor do Instituto de Desenvolvimento Urbano de Bogotá, criam problemas sociais como o dos *gamines*. Seus esforços, como engenheiro civil e economista, estão voltados, no entanto, para a execução do plano viário da cidade, projetado em 1961 e com um terço já implantado. Bogotá é uma cidade de movimento intenso, mas não tem os problemas de trânsito de São Paulo. Cresceu no sentido norte-sul e só agora se desenvolve na direção este-oeste, entre a montanha e a grande savana, um espaço imenso para conquistar.

Bogotano, um conservador

— Dr. Gutierrez, nos seus estudos sobre os *gamines* não encontrou fatores exclusivamente sociais?

— Não unicamente sociais. A grande migração do campo para a cidade na fase da chamada "violência" rural da Colômbia é, sem dúvida, uma causa social do problema. As consequências estão evidentes na aglomeração dos centros urbanos e na marginalização de grande parte dos que chegam à cidade. Mas isso é uma das causas. Do que pude estudar em casos bem representativos dos 5 mil *gamines* que vivem em Bogotá, o fenômeno tem características psicológicas, tão importantes como as sociológicas.

— Poderia precisar em que os *gamines* apresentam fatores psicológicos decisivos no problema geral?

— Os *gamines* são, antes de mais nada, uma burla ao formalismo dos colombianos. Representam toda uma moral antiformalista. Agora sei bem o que pensam esses pequenos filósofos de rua, cujos rostos curtidos dão a impressão de estarem conscientes do papel crítico que desempenham na vida social. E creio também que entendo por que a sociedade os batiza com um nome específico: são os *gamines* bogotanos, criaturas diabólicas que vivem martirizando a rotina da vida pública, dia e noite.

— E como chegou a essa conceituação do formalismo bogotano?

— Há 12 anos fiz um estudo desse traço dos colombianos, especialmente em Bogotá. Nas regiões quentes (selva, zonas rurais ou praias do Caribe) encontramos outro país, um país tropical. Mas Bogotá é uma cidade puritana e na crítica ao puritanismo encontrei os *gamines*. Por isso são um fenômeno particular de Bogotá, bem diferente do menor abandonado de São Paulo, Rio de Janeiro, Lima ou Caracas.

— Haverá razões históricas para isso?

— Os primeiros conquistadores de Bogotá foram os últimos da conquista espanhola. Jimenez de Quesada tinha ideias colonizadoras, bem parecidas com as dos colonizadores norte-americanos.

— Como explica a chamada "picardia", a malícia, o deboche do pequeno ladrão bogotano?

— É uma manifestação de pessimismo diante de um mundo muito organizado que não permite a espontaneidade. Não é humor a favor da vida, é um humor negro, pessimista.

— Acha que os *gamines* têm relação direta com a quantidade de roubos em Bogotá?

— Participam direta e indiretamente. O maior índice de criminalidade está situado entre os 18 e os 30 anos, exatamente a faixa dos egressos do *gaminismo*. E os suicídios também. A Colômbia tem uma situação particular, é muito raro o suicídio depois dos 25 anos. Aos 45, aos 50 anos, praticamente não ocorrem suicídios, fase da crise existencial na maioria dos países.

— Como é o grupo dos *gamines*: aberto ou fechado?

— Não costumam conquistar adeptos, formam grupos fechados, grupos da sociedade. Não admitem nem um *gamín* que passe a trabalhar como jornaleiro ou engraxate, chamam-no de *chupagruesso*, uma forma pejorativa de estigmatizar sua entrega ao trabalho. Mas aceitam com facilidade se um menino decidir abandonar a rebeldia e aderir à sociedade tradicional.

— E as meninas, há muitas no grupo de *gamines*?

— Não muitas. As poucas que entram no grupo devem desempenhar um papel bem masculino. As meninas marginais caem facilmente na prostituição ou então trabalham em serviços domésticos. O fenômeno dos *gamines* é bem masculino, mais um espelho do machismo colombiano.

— Os gamines vêm todos de famílias pobres?

— Na maioria, sim. Mas há casos de *gamines* de classe média. Conheci há pouco tempo dois que eram filhos de um casal de dentistas.

— Não acredita na ação recuperadora do Estado e das iniciativas particulares?

— Não nos termos em que se tem tentado. Em geral, não passam de manifestações de caridade. Não funcionam também os centros de recuperação baseados numa repressão sem nenhuma habilidade.

— Soube que nas praças de Bogotá há um agente de polícia especialmente treinado para ensinar jogos e esportes aos *gamines* e tentar uma aproximação. Que acha dessa iniciativa?

— Partiu de alguém bem intencionado, mas não está dando resultados. No fim, esses policiais vão às praças para proteger as crianças normais e isolá-las dos *gamines*. Não entendem nada da psicologia do *gamín*. Basta chamá-los de "caras sujas" para irritá-los de imediato. Enquanto o bogotano não se convencer que deve conhecer profundamente o *gamín* antes de tentar convertê-lo, não acertará nunca.

— E o que pretende com seu livro...

— Estou interessado numa interação. Primeiro, conhecer o *gamín*, depois trocar experiências com ele, aí virão as soluções certas. Neste esforço de meus estudos houve momentos em que me "gaminizei"...

Últimos vestígios da violência

Em novembro de 1972, a Dipec da Polícia de Bogotá afirma que a violência política da Colômbia não existe mais. O campo está tranquilo, acabou o banditismo; a guerrilha urbana está completamente sob controle; sequestros e assaltos a bancos são muito raros. Para Jaime Kamirez Gomez, chefe dessa divisão, os únicos vestígios de violência são as manifestações estudantis, agora também bastante controladas.

O que é violência? Mônica D. Blumenthal, pesquisadora norte-americana, dissecou os significados desta palavra (tanto na direção da violência instrumental para fins políticos como no sentido de uma manifestação psicológica de um sentimento de frustração ou ira) e concluiu que, entre os norte-americanos, violência não significa um fenômeno aberrante e antissocial, mas é parte da cultura em que vivemos. Nesta perspectiva, Otto Morales, político conceituado do liberalismo colombiano, concorda que a violência rural, a violência das primeiras guerrilhas da América Latina, acabou em seu país. Mas a violência "branda" dos *gamines,* da delinquência bogotana é, de certa forma, um vestígio da "grande violência". Para Otto Benitez Morales, os *gamines* são os netos da violência.

— O fenômeno da violência na Colômbia obedece basicamente a um processo político, em especial ao que se desencadeou de 1946 em diante. Vivemos aproximadamente vinte anos de violência contínua. E foi dirigida pelo governo. Com que propósito? Com o propósito de diminuir umas maiorias liberalistas e manter o poder nas mãos dos conservadores. Historicamente sabemos que o liberalismo quase sempre ganhou as eleições no país, só perdeu em raras ocasiões, por fraude ou por divisão dos liberais. Então, num dos poucos momentos em que os conservadores estavam no poder, desencadearam essa onda de violência nos municípios mais distantes. Aí está a raiz política do problema. E que aconteceu depois? Ocorreu outro fenômeno: os camponeses, que foram os que mais sofreram, se opuseram também pela violência. Encontramos então a primeira luta de guerrilhas da América Latina. Logo apareceram os líderes para organizar as facções. Em 1957, participei de uma comissão que investigou as causas da violência na Colômbia. Foi na fase de Alberto Lleras no poder, depois de derrubar a ditadura dos conservadores. Concluímos que a violência estava situada nas regiões mais afastadas das influências de civilização, sem estradas, sem telégrafo, sem nenhum meio de comunicação. Foi precisamente uma das estratégias de Alberto Lleras para reintegrar essas regiões: estabelecer um sistema de comunicação com os centros urbanos. É claro que, com a evolução, a primitiva violência de tipo político degenerou em uma violência de tipo econômico. Já se amparavam ou na violência oficial ou na violência dos guerrilheiros para usufruir benefícios: poder dominar os transportes, dominar terras, dominar determinados negócios. A política de reabilitação de Lleras teve forte oposição dos conservadores, mas estabeleceu as bases para a pacificação que se desencadeou. O êxodo rural que vem crescendo a partir de 1950 é a causa direta do desemprego, da criminalidade, das grandes periferias dos centros urbanos. Bogotá cresceu desmesuradamente nos últimos quinze anos. O crescimento é tão violento que a renda nacional não pôde acompanhar. A demanda de serviços é impressionante. O problema do analfabetismo permanece, temos uma taxa de 29,4% de analfabetos. Temos os *gamines*, outro grave problema por solucionar.

"Não tenho amigos nas grades"

— Agora tudo me custa mais, porque aprendi na rua a viver de outro jeito. Não posso mais obedecer se mandam em mim e não gosto de fazer o que é chato; é como se tivesse perdido o gosto de muitas coisas. Minha mãe não me aguenta: diz que o que eu quero é ser muito rico. Claro que quero ser rico, mas não como diz minha mãe. Os ricos pensam melhor que os pobres; os ricos não têm tantos filhos; os ricos não brigam tanto ou pelo menos não com essas palavras e essa raiva; é como se eles soubessem o que vai acontecer. Só por isso que queria ser rico.

Álvaro Perez é um símbolo para José Gutierrez. Em muitas coisas ele é a chave dos problemas dos *gamines*. Viveu dez anos em sua casa e guiou o psiquiatra no estudo da psicologia dos "caras sujas". Sua integração na família foi difícil, várias vezes agrediu os filhos de Gutierrez. Mas chegou a resultados surpreendentes: escrevia poesia e pintava com muito talento. Mas após a esperança vem o desalento. O psiquiatra colombiano se confessa deprimido ao falar do *gamín* que conheceu profundamente:

— Álvaro Perez está preso por causa da *marijuana*. Tive de fazer uma viagem aos Estados Unidos, dar um curso na Case Western Reserve University de 1969 a 71, e Álvaro ficou em Bogotá convivendo com poetas e pintores da elite social. Não resistiu aos tóxicos e se perdeu novamente num mundo marginal. Já não é pintor nem poeta, está sofrendo muito. Sinto muito, sinto muito porque não sei o que vai acontecer.

Hoje me encontro solitário, totalmente desligado das outras pessoas. Não posso ser amigo dos presos. E, depois de tudo, isto não me interessa. Rejeito-os e assim os agrido. Agora não tenho amigos nem nas grades nem nos pátios da cadeia. Fico feliz com isto. Nem minha família se lembra de mim. Não recebo ajuda de ninguém. Mesmo que faça promessas, passam por cima, como se fossem mentiras deliberadas. Diria que estou fechado em mim mesmo. Conscientemente cumpro o que digo e não me falta responsabilidade para cumprir. A mim, por nada me condenaram a lutar. Por nada cheguei à rua. Cheguei a dormir no chão. Mas saberei sobreviver em ambiente pior. Por que me expulsaram de novo? Que mal lhes fiz? Que comportamento consideram errado? Não quero palavras meigas, nem amor, nem ambiente familiar, nem presentes, nem roupa cara, nem casa de luxo. Não quero que me deem dinheiro aos domingos, nem quero ir a festas, nem necessito de amor nem aspiro amor. Que mais posso dizer-lhes que não seja o desejo de desabafar este sofrimento, com lágrimas uma atrás da outra, com a certeza de que tudo vai resultar negativo, de que não tenho perdão e de que possivelmente tenha? A seus filhos, diga-lhes que não esqueço deles: devem estar muito mudados. Em que sentido? Lembranças ao consultório, a González, aos doutores. Lembranças a cada um de vocês. Álvaro Pérez.

(Trecho de uma carta dirigida a José Gutierrez.)

Gamines, do encanto ao sicariato[2]

RAÚL OSORIO VARGAS[3]

No passado, *gamín* foi palavra muito usada na Colômbia, referindo-se aos meninos indigentes, habitantes das ruas. O termo, de origem francesa, significava "pequeno rapaz", "ajudante de pedreiro". Mas no francês contemporâneo é "pirralho", "criança"; e como adjetivo quer dizer "gracioso", "encantador". Sua forma feminina, *gamine*, se refere à mulher jovem encantadora, especialmente às mulheres das artes cênicas e do mundo da moda. Esse significado está muito próximo à etimologia, que talvez proviesse da raiz germânica *gamm*, que aparece no vocábulo germânico *gammel* ("júbilo, alegria ruidosa ou explosiva").

Audrey Hepburn, premiada com o Oscar no seu primeiro papel de protagonista em *Férias em Roma* (*A princesa e o plebeu*, de 1953), foi o arquétipo inesquecível da *gamine* adorável. Ela eternizou o tipo *gamine*, esbelta e quase sem curvas, numa época de mulheres voluptuosas e sensuais. Esse estilo fez sucesso nas roupas e nos cortes de cabelo.

---

[2]. *Já no século 21, solicitei ao jornalista e professor colombiano Raúl Hernando Osorio Vargas uma breve atualização do tema por mim abordado nos anos 1970. Este é o texto de junho de 2013, escrito em português na cidade de Medellín, onde Raúl Osorio Vargas reside. O autor, a título de colaboração, fez a releitura de traços históricos e do contexto contemporâneo dos "meninos ladrões de Bogotá". Sicariato, a associação de sicários ou assassinos de aluguel, é a trajetória dos* gamines *que o autor acrescenta ao meu texto de 1972.*

[3]. Raúl Hernando Osorio Vargas, mestre e doutor pela Universidade de São Paulo, é professor e coordenador da área de Humanidades na habilitação em Jornalismo na Faculdade de Comunicações da Universidade de Antioquia, em Medellín, Colômbia. Atua também como membro do Grupo de Estudos Literários (GEL) da mesma universidade.

Mas os *gamines*, plural de *gamín* em espanhol, são as crianças pobres, órfãs e abandonadas que nas cidades colombianas começam a tomar conta dos cantos das ruas no início do século 20. Nessa época os *gamines* eram caminhantes e habitantes da cidade. Limpavam e cuidavam de carros, eram engraxates, pediam sobras de comida nos restaurantes, mendigavam esmola. Bebiam os restos que ficavam nas garrafas de cerveja e fumavam as pontas dos cigarros que recolhiam do chão. Na Bogotá da metade do século 20, cantavam com voz muito desafinada as músicas *mariachis* na entrada do teatro Azteca/México, na rua 22, no centro da cidade. Eles formavam parte do cenário urbano das cidades colombianas. Mas eram espécies de personagens típicos. Vendedores de jornal, eram eles os que davam a conhecer as manchetes e a grito rouco "cantavam" os fatos do acontecer diário. Os donos de jornal devem muito de seu dinheiro a esses meninos, jornaleiros ambulantes, já que eles eram os promotores dos jornais e, com sua lábia, vendiam e faziam esgotar os exemplares do dia. Gritando e pregoando pelas ruas e praças: *O Correio, O Comércio, O Novo Tempo, O Porvir, A Revista da Paz, Bogotá Ilustrado...* Promoveram a leitura dos colombianos mais que os mestres da escola pública.

O jornalista e escritor José Antonio Osorio Lizarazo[4], cuja obra gira em volta de Bogotá e do tema do *desarraigo*, lembra que o *gamín* estava em todos os lugares da cidade e em todo tipo de acontecimentos. Quando a ordem pública esquentava, ele era elemento fundamental dos confrontos. "Ninguém era mais ligeiro para recolher pedras, que foram as armas daqueles revolucionários...", diz Osorio Lizarazo. Numa relembrança do *gamín* bogotano publicada no *Mundo ao Dia*, em 13 de novembro de 1926, ressalta a preciosa e anônima colaboração que eles desempenharam nas guerras civis como pequenos combatentes: "Era [o *gamín*] o único meio de informação e não era deficiente. Tinha ido a todos os lugares, tinha-se informado de todos os movimentos, sabia onde e quem resultava vencedor. O mesmo acontecia nas campanhas bélicas. Quando chegavam os informes dos fatos de armas dos beligerantes, encarregava-se de propagá-los, citando com precisão o lugar onde se encontravam os mais renomados chefes, suas vitórias respectivas e

---

[4]. Bogotá, 1900-1964. O trabalho jornalístico de Osorio Lizarazo foi muito amplo: repórter, redator, correspondente internacional e diretor de diversos veículos, foi também colaborador de vários periódicos.

suas derrotas. Com frequência foi enviado a levar notícias aos lugares de campanha e, burlando habilmente todas as vigilâncias e todas as perseguições, terminava com honra sua missão".

Mas, o *gamín* que era um ser característico da paisagem *vilarelha* de Bogotá, o trabalhador simpático, travesso, ingênuo, libertino e recursivo, que faz trabalhos de vendedor de jornais, engraxate e carvoeiro, com as mudanças da cidade nas décadas de 1960 e 70 vira o *gamín* delinquente e ladrão que Cremilda Medina apresenta em sua reportagem de 1972. Nesse momento, inicia-se sua transformação no *gamín* assaltante e ladrão. Porém, viriam maiores modificações em sua personalidade e em seu comportamento social. Do pequeno esmoleiro só fica a saudade. Nas décadas de 80 e 90, o *gamín* percorre a passagem que o levará para sua mais dura e conturbada realidade: assassino a soldo, e assim se converte em um dos maiores problemas da Colômbia. Os chefões do narcotráfico o usam como o assassino da moto. Assim virou sicário. Meninos quase crianças assassinaram em suas motos ministros, candidatos à presidência da República, parlamentares, políticos e jornalistas; recebendo como pagamento o correspondente a 50 reais por pessoa assassinada.

O *gamín*, o engraxate autêntico, aquele que foi um tipo inseparável das ruas de Bogotá, desapareceu. O *gamín* adquire características novas que nos falam de zonas de delito e microtráfico. Assim são as ruas que hoje concentram em vários quarteirões do centro de Bogotá mais de 2 mil indigentes: esse lugar tem sido batizado com o pomposo nome do Bronx bogotano. Nome que faz alusão ao espaço nova-iorquino de baixo estrato social onde moram negros e latinos. Nasceu em 2002 nas ruas de uma Bogotá moderna, populosa e desorganizada.

Hoje, o presidente da República, Juan Manuel Santos, e o prefeito da cidade de Bogotá, Gustavo Petro, iniciaram um plano de recuperação do Bronx bogotano. Corre o ano de 2013, estamos em agosto, o mês dos ventos e das famílias saírem a soltar pipa com as crianças. Dos 47 milhões de habitantes da Colômbia, 20 milhões vivem na pobreza e outros oito milhões padecem na indigência. Esses oito milhões são o caldo de cultivo onde se incubam as "modernas" gangues colombianas. Ainda que nossa personagem – o *gamín* do tempo passado é como uma flor perdida no deserto – já não seja uma pessoa com um estilo de vida menos fashion, representa uma mistura de malandro, um sicário e um ser humano usado

pela sociedade do vício. Filmes como *La virgen de los sicários*, *Rosario Tijeras* e
La vendedora de rosas simbolizam essa realidade.

E o tango argentino "Cambalache", composto em 1934 por Enrique Santos
Discépolo, continua vigente:

Que el mundo fue y será una porquería, ya lo sé,

en el quinientos seis y en el dos mil también;

que siempre ha habido chorros,

maquiávelos y estafáos,

contentos y amargaos, valores y dublé.

Pero que el siglo veinte es un despliegue

de maldá insolente ya no hay quien lo niegue,

vivimos revolcaos en un merengue

y en el mismo lodo todos manoseaos.

Reflexões I:
Poética da interpretação

Os primeiros anos da década de 1970, na Universidade de São Paulo, consagraram a necessidade de pesquisa para alimentar o ensino e a prática do jornalismo. Além da especialização no Ciespal em Quito e no Centro de Estudos de Divulgação Científica em Bogotá, eu trazia de Porto Alegre o projeto para desenvolver no primeiro mestrado latino-americano em Ciências da Comunicação, implantado em 1972 na USP. E quando escrevemos a quatro mãos, Paulo Roberto Leandro e eu, o livro *A arte de tecer o presente*, em 1973, a bússola que nos guiava era o aprofundamento da reportagem jornalística por meio da racionalidade decifradora.

O real imediato se mostrava em um desafiador emaranhado de significados e era preciso munir-se de disciplina mental para interpretá-los. Recorremos às teorias então disponíveis que dessem à narrativa da atualidade um suporte consistente para ensaiar compreender as situações cifradas de uma sociedade reprimida pela ditadura. A inteligência interpretativa era, acima de tudo, uma razão investigadora, minuciosa, sustentada por metodologias objetivistas.

Para os autores, nesse momento, a distância que existe entre a realidade objetiva e a representação dessa realidade seria percorrida pelo esforço de interpretação. Desde o entendimento de Aristóteles a proposição declarativa (dizer alguma coisa de alguma coisa) usa a palavra significante, em outros termos, a interpretação. A busca de um método que desse certas garantias à representação dos fatos no jornalismo orientava o esforço de 40 anos atrás na direção de uma narrativa do presente minimamente confiável. Três autores foram essenciais para uma síntese que a pesquisa se permitiu enunciar, em meio a outras leituras, como a de Paul Ricoeur. Munidos de rigor com relação à ingênua leitura do que seja *interpretar*, reunimos Marx, Freud e Nietzsche para desbravar múltiplas significações do acontecimento contemporâneo.

Vale transcrever um fragmento de *A arte de tecer o presente* (publicação esgotada um ano depois, ou seja, em 1974):

Freud descobre um conjunto de signos, todos revelando interpretações (e não *a* interpretação) da realidade objetiva: um sonho, um sintoma neurótico, um rito, um mito, uma obra de arte, uma crença são formas múltiplas de interpretar o real. E a psicanálise entra aí como método de desmistificação e restauração do sentido das coisas.

Propõe-se então a concepção de que um sonho cifra o real, e de que o psicanalista trabalha na decifração. A inspiração de Freud dá os novos limites:

A verdade como mentira, essa grande desconfiança que transforma a interpretação em um exercício permanente. Com o estudo dos símbolos, a partir de Freud, se descobre a complexidade da interpretação, essa forma rica de atribuir sentido à realidade objetiva.

O deslocamento para Nietzsche, citado à época para reforçar o método racionalista, se dá no viés da *determinação*.

Toda a interpretação é determinação do sentido de um fenômeno. E o sentido consiste precisamente num conjunto de forças, de ação e reação, primárias e secundárias. (O estruturalismo iria preocupar-se com as relações dessas forças no conjunto estruturado.)

O texto incorpora outra nuance – a diferença entre *opinar* e *interpretar*:

Nas palavras de Nietzsche, não encontramos jamais o sentido de alguma coisa (fenômeno humano, biológico ou mesmo físico) se não sabemos qual é a força que se apropria da coisa, a explora, que a domina ou se exprime nela.

Enquanto a interpretação procura o sentido das diferentes forças que atuam sobre o fenômeno, a avaliação opinativa atribui valores a esse sentido.

De Nietzsche a Marx, um passo:

A aproximação do sentido de um fenômeno (atividade interpretativa para o primeiro) nada mais é que o afundamento nas aparências (no método do segundo). Marx, na visão do materialismo dialético, separa essência de aparência do fenômeno e, ao salientar a contradição entre uma e outra, reforça ele também a interpretação.

Estava dado, pois, um laço nos estudos de três pensadores: Nietzsche, pela determinação do sentido por intermédio do exame das forças que atuam no fenômeno; Marx, pela interpretação da essência cifrada pelas aparências; e Freud, pela desmistificação dos símbolos. Aí se conjugaram três alicerces para uma teoria que seria transposta para o Jornalismo Interpretativo, disciplina implantada no currículo do curso da Escola de Comunicações e Artes (ECA) da Universidade de São Paulo em 1972 e desdobrada em laboratórios de reportagem.

A par das especulações históricas das manifestações que denotam uma narrativa mais tensa e densa (*a reportagem*), o campo empírico – imprensa brasileira e internacional – oferecia nas décadas do pós-guerra até os anos 70 um quadro de tendências que foram agrupadas em *A arte de tecer o presente*: o aprofundamento do contexto (ou das forças que atuam sobre o factual imediato), a humanização do fato jornalístico (tratamento de perfis, histórias de vida ou protagonismo social), as raízes históricas do acontecimento atual e os diagnósticos e prognósticos de fontes especializadas do saber científico. O livro, uma edição praticamente artesanal, com aparência de apostila, impresso na gráfica da ECA/USP, trazia encartes de certa forma sofisticados, reduções de páginas dos grandes jornais brasileiros que ilustravam essas tendências.

Apesar do cenário repressivo, a grande reportagem nacional se confrontava com a censura do regime militar e a autoria experimental do *novo jornalismo* à brasileira se espelhava na *Arte de tecer o presente*. Muitos jornalistas usam no seu jargão atual as categorizações propostas nesse título. Tornou-se banal falar de contextualização do fato, de perfis jornalísticos, retrospectivas das situações emergentes na atualidade e entrevistas, enquetes ou mesas-redondas com especialistas do tema em pauta.

A matéria interpretativa, porém, seguidamente se confunde com o artigo de opinião, e a reportagem passou, ao longo das últimas décadas do século passado à atualidade do século 21, por inúmeras crises. Citava-se no texto de 1972-73 o comportamento experimental e tímido em que se explorava uma das quatro vertentes de interpretação. Raramente se encontrava, no *corpus* sistemático do jornalismo brasileiro, uma cobertura que aliasse uma robusta contextualização à consistência do tempo histórico, ao desvendamento dos protagonistas vivos e anônimos (já se fazia a crítica aos olimpianos, às figuras consagradas e carimbadas pelo poder), ao enriquecimento pluralista de analistas e pesquisadores que pudessem compor cenários interpretativos. A utopia da época era propor e praticar diante das barreiras do autoritarismo militar a narrativa polifônica e polissêmica, não só nos veículos periódicos ou no livro-reportagem como no jornalismo diário. E essa utopia estava bem enraizada na universidade, por exemplo no curso de Jornalismo da USP, o que fez dele um foco a ser vigiado pela repressão.

A linguagem, diga-se, código verbal e códigos não verbais (fotografia e diagramação), ocupava um espaço importante nesta reflexão. A pesquisa fotográfica, campo em que o coautor Paulo Roberto Leandro contribuiu particularmente, e a pesquisa linguística e a diagramação, mais próximas da minha formação e experiência, se completavam como assinaturas de autoria, de estilo. Em alguns casos não apenas o estilo do indivíduo profissional, mas também o do jornal em que atuava. O exemplo que logo vem à memória e está evidente em *Arte de tecer* é o *Jornal da Tarde*, em sua primeira fase.

Se a estética da narrativa chamava a atenção, não se tratava, porém, da forma pela forma. Até apareciam experimentalismos formais vazios de conteúdo e o álibi era a censura e a repressão. No entanto, a seleção das peças interpretativas que sensibilizavam os autores do projeto eram justamente as que denotavam aprofundamento temático. A expansão informativa no espaço social e no tempo histórico quase sempre vinha revestida por um estilo comunicativo e vibrante, o que facilitava a revelação do *real cifrado*.

Anunciava-se aí um contraponto com a contemporaneidade norte-americana e a vocalização do *new journalism*, capitaneada por Tom Wolfe. Em 1972, já se traduzia na ECA/USP um texto do autor publicado na revista *Esquire*. Tratava-se do primeiro manifesto do novo jornalismo nos Estados Unidos. A discussão no curso de Jornalismo recortava, no ensaio de Wolfe, o processo renovador com que os novos jornalistas norte-americanos pretendiam inventariar os comportamentos e os protagonistas sociais do fim dos anos 60. Embora Tom Wolfe insistisse nas técnicas narrativas, resgatadas do grande romance realista da primeira metade do século 20 em seu país, *A arte de tecer* se posicionava numa estética aberta, inscrita no contexto social da reportagem e na riqueza da oratura, inspiração proveniente dos falares de seus protagonistas.

É bom que se saliente: tanto nos Estados Unidos, na perspectiva de Wolfe, quanto no Brasil ou em qualquer outro país, o romance transcria a cena viva social numa estilística que capta a empatia do leitor por meio do elo identitário. Mas o desafio para os pesquisadores nos laboratórios da *Arte de tecer o presente* não se concentrava na experimentação linguística, fotográfica, gráfica ou cinematográfica. A linguagem não se entregava à sedução da forma pela forma, mas às necessidades expressivas da realidade e do protagonismo social contemporâneos.

O exercício dos anos 1970 que se desenvolveu na USP e em outras universidades brasileiras e latino-americanas em que circulei defendendo o *jornalismo interpretativo* perseguia a inovação e o aprofundamento da reportagem. Para o livro, a leitura e os apontamentos à margem de cada matéria selecionada iam do rigor de análise ao prazer da descoberta: afinal, o Brasil criava seu *novo jornalismo*. E ao que tudo indica, a antologia fixada em *A arte de tecer* tocou os leitores de uma edição há muito esgotada, mas que reaparece aqui e ali em volumes xerocopiados ou em citações. Por outro lado, no lamentável acervo intocado por conta da saída forçada da USP em 1975, guardo o original de outra antologia de reportagens interpretativas da imprensa brasileira, estudadas e comentadas pelos alunos de graduação da ECA nessa época.

A descoberta de pontos luminosos em um momento tão ameaçado pelo medo e pelas trevas das *minorias silenciadas* estimulava a resistência cultural. Não é por acaso que, em determinado momento, chamada à diretoria da ECA, nos idos de 73, fui advertida perante anotação proveniente do Departamento Estadual de Ordem e Política e Social de São Paulo (Deops/SP), que me acusava de ensinar aos alunos *como burlar o sistema por meio da grande reportagem*. E em relatório de 1975, recuperado dos arquivos hoje liberados da Secretaria de Segurança Pública, há uma anotação a meu respeito: "Violenta na expressão de ideias contra a Revolução. Dissertação de mestrado. Comprometedora".

Curioso que a pesquisa apresentada em julho desse mesmo ano seria o primeiro mestrado de Ciências da Comunicação da USP, que, por sua vez, antecipava na América Latina o curso de pós-graduação na área. Transformada em livro pouco depois, originaria o título *Notícia, um produto à venda – Jornalismo na sociedade industrial*, que já passou por duas editoras e várias edições.

O segundo livro ampliava as perspectivas experimentais de *A arte de tecer o presente* para uma análise da estrutura da mensagem jornalística e se propunha verificar o processo de produção da notícia. Havia então uma bibliografia sociológica que examinava a indústria cultural, tema muito ao gosto dos anos 1970. A reflexão dominante, contudo, passava ao largo do processo e ignorava as forças contraditórias presentes na empresa jornalística e no fazer cotidiano da produção simbólica da notícia.

Enquanto se viviam os desafios da grande narrativa autoral (chamada de reportagem interpretativa, investigativa ou literária, conforme as correntes que se sucederam no *novo jornalismo*), numa arte de tecer o presente, em *Notícia, um produto à venda* o foco se deslocava para as dinâmicas jornalísticas na sociedade urbana e industrial, tomando a notícia como estrutura nuclear. As disciplinas acadêmicas que iam povoando o currículo de Jornalismo no início dessa década refletiam linhas de pesquisa que a ECA/USP desenvolvia: Jornalismo Informativo, Jornalismo Interpretativo e Jornalismo Opinativo.

No contexto de então, estudar a noção racional de interpretação, as forças socioempresariais ou arquetípicas era julgado como algo *violento e comprometedor* pelo regime repressivo que sufocava a experiência e as mentalidades na década de 70. Explica-se aí a ênfase do rigor racionalista e o empenho na produção noticiosa com aprofundamento sutil e decifrador da informação sonegada à cidadania. No final da década, outro trabalho – desta vez encomendado pelo Centro Interamericano de Estudios Superiores de Periodismo (Ciespal), que, a partir do Equador, formava uma biblioteca de autores latino-americanos – abordava alguns aspectos da luta histórica do jornalista, da regulamentação profissional e dos esforços de qualificação mediante o estudo e a pesquisa. *El rol del periodista* (1979) saiu depois em português, com o título *Profissão jornalista – Responsabilidade social*, e hoje circula também em Cuba.

O retrospecto dessa fase vem, pois, pontuado pela ação racionalista, cuja obsessão é perseguir e desvendar a realidade presente. As sociedades latino-americanas, sob regimes autoritários, mobilizavam a resistência e a criação de uma linguagem de sutilezas. As estratégias narrativas, como diziam súmulas do Deops, iam no sentido de *driblar*, pela competência informativa, a vigilância e a denúncia, cujos olhos e ouvidos dos órgãos repressores se instalavam tanto na universidade quanto nas redações jornalísticas.

Já na *Arte de tecer*, porém, aparecia uma perturbação afetiva que se contrapunha ao método racional da interpretação. Quando se enfrenta, na comunicação social, a experiência da rua e se vai ao mundo para resgatar os perfis dos protagonistas sociais, sobretudo aqueles que ainda não se consagraram como vedetes (*olimpianos*, segundo Edgar Morin), não está em jogo a razão ou a irracionalidade. Emerge uma esfera que transcende a dicotomia racional/irracional: o universo fluido e misterioso da *não racionalidade*.

Quando se constrói um personagem ou uma história de vida, as fronteiras do real e do imaginário se borram. O método do questionário em uma entrevista, com a pré-pauta estabelecida e os resultados previsíveis, cai por terra na interação humana criadora de um encontro sem cartas marcadas. Também a crença de um rigor profissional que chegue à fidelidade objetivista, em última instância a uma única verdade, só persiste em atitudes arrogantes. A humanização pretendida em *Arte de tecer* mexia com a esfera não controlável da *decifração*.

Particularmente, eu reconhecia essa fragilidade do edifício racional havia algum tempo. Meu primeiro trabalho de imprensa com características de perfil humano aconteceu ainda em Porto Alegre, no início dos anos 60, na extinta *Revista do Globo*. Olhando à distância de 50 anos, pressinto coincidências mágicas. Descobri um artista que começara a pintar aos 60 anos, um comerciante de êxito mediano, chefe de família responsável, sujeito cumpridor dos deveres cívicos, acomodado na disciplina cotidiana. Pois em determinado momento, Benjamin Averbuck decidiu dar uma virada na vida, liquidou a loja no Bonfim, bairro tradicional dos judeus na capital gaúcha, e se entregou à arte. *Pintei* essa história com as tintas mais afetivas possíveis. Devo ter intuído o que hoje entendo por *afeto*: estava perfeitamente *afeta* ao meu personagem e essa era uma narrativa de pessoas afetas uma à outra. A cumplicidade – ou comunhão – não resultava em um relato árido de reconstituição de uma biografia, mas na sutil revelação de uma vida. Averbuck ficou emocionado com a matéria que saiu na revista e me presenteou com um retrato a traço de lápis.

O mistério se amplia quando penso que foi um artista anônimo o meu primeiro ensaio de perfil. Surgiram, na escritura de uma matéria jornalística, vestígios literários tão cultivados nas leituras desde o fim da infância, passando por toda a adolescência, que chegaram a uma certa sistematização no curso de Letras na Universidade Federal do Rio Grande do Sul. Estaria em ebulição aquilo que viria a eclodir nas décadas de 1980 e 90: o mergulho no *Modo de ser, Mo'dizer* e em *Povo e personagem*. Protagonistas anônimos do cotidiano, espelhados nos personagens da arte, tecem a aventura humana da realidade social. Há nos enredos do caos da História gritos e sussurros, violências e farras, sobrevivências do sevirol e tragédias da exclusão que não cabem numa razão quadriculada pelo rigor do método descritivo. É preciso abrir os poros da sensibilidade para que os impulsos afetuosos da não razão sacudam a irracionalidade ou a razão arrogante.

Ainda uma vez a intuição me proporcionou uma sacudida nas fórmulas profissionais. Nos alvores dos 80 do século passado, como editora de Artes e Espetáculos do jornal *O Estado de S. Paulo* (de 1975 a 85), viajava seguidamente, a trabalho, para a Europa, passando por Portugal e especificamente pelo Porto. Mas só em 1981 tomei a decisão de *gastar* um mês de férias viajando a esmo na terra de origem. Ao atravessar um campo no Algarve, o cheiro das figueiras me invadiu: fui tomada por um desassossego. Aquele era um cheiro de infância que me conduzia para um tempo e um espaço fora do meu controle, muito distinto da resistência cultural que se vivia no Brasil e na América Latina.

 Fui forçada a prestar atenção ao alarme disparado em meu subconsciente e nos ecos do inconsciente coletivo que trazemos sob o manto das defesas racionalistas. No campo de figueiras à beira-mar plantadas, a razão abalada pelas inquietudes intuitivas veio à tona com a pergunta perplexa: afinal, quem seria o português contemporâneo? Editora de um grande jornal, com a vida e a paixão assentadas no Brasil, mas sem poder abstrair o território de nascimento, eu não sabia nada daquela gente.

Delineou-se então um projeto profissional que se misturava, à partida, com a perturbação existencial. E naqueles primeiros anos da década até 1987 me lancei à empreitada de, com a ajuda das literaturas, chegar mais perto dos povos. O que era uma interrogação localizada se expandiu nos três continentes: precisava ir ao encontro dos portugueses, africanos e brasileiros contemporâneos. As técnicas consagradas da reportagem eram muito pobres para uma narrativa de viagem que não queria *explicar*, mas tentar *compreender* esse presente ao mesmo tempo tão próximo e tão cifrado.

A aventurosa e, ao mesmo tempo, sofrida navegação mobiliza a plenitude da inteligência humana na tríade complexa sentir-pensar-agir. A percepção sensível do real imediato e dos protagonistas anônimos ativa a razão para pesquisar os elos do contexto atual, das raízes históricas, culturais, míticas. Vem, sem pedir licença, a confluência com o mundo das ideias e dos diagnósticos guardados no acervo bibliográfico ou nos enunciados pelas fontes científicas especializadas.

Aquela metodologia desenvolvida em 1972 na USP alicerçou o trabalho empírico de qualquer natureza e, em particular, a reportagem interpretativa. No entanto, a aceitação dos impulsos intuitivos na relação com o mundo e com o humano ser ultrapassa a simples disciplina racional. O sentir-pensar funde a loucura do encantamento ou da indignação com o trabalho sistemático da organização de informações. A descoberta do real imaginário e não apenas do real aparente, mapeado mediante esquemas partitivos, conduz a um pensar interrogativo. Ou seja, vivo e trabalho, procuro o método para me expressar: a narrativa interroga, abre reticências, assume a ambiguidade poética.

O contato com os diferentes e a fruição de sua produção literária deu vigor à ousadia na década de 80. A angústia racional, friccionada na ditadura dos anos 60 aos 70, começa a baixar a guarda e a permitir a abertura da esperança na superação do caos. O contato com a situação-limite da humanidade na África foi decisivo. *Malgré tout*, diriam os franceses, encontrei o povo se narrando em personagens épicos, as crianças nas ruas de Maputo, Luanda, Bissau, proclamando alegria e fé na resistência. Como se dissessem, em 1986, *vamos chegar, sim, ao século 21*.

Nesse mesmo ano, eu voltaria à Universidade de São Paulo depois de 11 anos de afastamento involuntário. A pesquisa interrompida em 1975, com a defesa do mestrado, seria retomada sob duas inspirações – o *diálogo social* e a inter e transdisciplinaridade na *crise de paradigmas*. A linguagem dialógica, ou *signo da relação*, experimentou, ao longo dos últimos 17 anos, um domínio inesgotável que não se contém na tradicional técnica da entrevista. Os modos de ser e os modos de dizer se narram na surpresa, na singular esfericidade. Os narradores da contemporaneidade abdicam então da arrogante divulgação de realidades e de protagonistas preestabelecidos na generalização plana e linear.

Ora, as literaturas e outras expressões artísticas exibem outra *competência*: narrar para tentar compreender o mundo à volta no ato lúdico ou na linguagem onírica. Nos laboratórios de narrativa desenvolvidos na USP e em outras universidades dos anos 80 em diante, o aprendiz de feiticeiro bebe das águas artísticas para se imunizar dos vícios monológicos das técnicas consagradas, que ambicionam explicar e enquadrar as sagas humanas.

Encontrar o código *eficiente* para se expressar não é um bicho de sete cabeças. O que ocorre nas rotinas profissionais é a gramaticalização de fórmulas vazias de expressão-conteúdo. A produção de sentidos passa pelos vasos comunicantes e se tece no grito de muitos galos, lembrando João Cabral de Melo Neto. Constrói-se um relato atravessado pela concepção de mundo e este não é um ato solitário, embora em última instância possa ser assinado por um autor. Da experiência social à histórica e cultural, do esforço consciente interpretativo às forças incontroláveis do inconsciente coletivo afloram significados mais ou menos aproximativos da realidade, mas jamais um retrato chapado.

O artista decola do real para o delírio, mas procura nele alguma verossimilhança; o autor de narrativas cuja referência é a realidade se defronta com os mistérios do imaginário. Tanto um, na fantasia emancipatória, quanto outro, no rigor e na fidelidade realistas, criam uma narrativa autoral, única na poética e nas referências ao mundo concreto.

O diálogo com esse mundo se manifesta no cotidiano, na arte e na ciência. No *Projeto Plural*, que acumulou perguntas, laboratórios e aprendizados de 1980 em diante e tomou forma institucional na pesquisa acadêmica, revelou-se a riqueza dos encontros interdisciplinares. Embora situados no domínio dos especialistas de várias áreas de conhecimento, a fertilidade dialógica irriga qualquer oficina específica. Assim, no que tange à proposta de *Narrativas da Contemporaneidade*, laboratório desenvolvido nos grupos de graduação ou de pós, em grupos de jovens e no Programa da Terceira Idade, as contribuições disciplinares se tecem, primeiro na escuta interdisciplinar, e muito rapidamente se entrelaçam na transcendência das disciplinas científicas ou ainda no convívio com a arte – como tem dito o escritor Sinval Medina, na *indisciplinaridade*.

O percurso pode começar por questões metodológicas, mas a ciência e a reflexão epistemológica sempre vão desaguar nas consequências humanas do conhecimento. Nessa construção-desconstrução da epistemologia pragmática e da história do saber científico, aparecem os fundamentos éticos e as ferramentas mentais responsáveis pelas visões de mundo. Técnicas e tecnologias se desenvolvem, mas as inovações que vão intervir na natureza carregam consigo os dilemas morais.

ATRAVESSAGEM

Os diálogos interdisciplinares dos anos 90 enriqueceram a oficina da razão complexa, inquieta, interrogativa, afetada pela experiência solidária. Se o *gesto da arte* ressensibiliza a relação humana, a inteligência lógico-analítica se expande com a crise dos paradigmas científicos. Assim, a voz ousada dos epistemólogos, originários das ciências da natureza, biológicas ou humanas, aciona sinais de alerta para os visionários reducionistas. Em outras palavras, aqueles que raciocinam em termos de causa e efeito, de maniqueísmos, de certo e errado, de etapas lineares e progressivas, de fronteiras entre o sujeito e o objeto. A visão processual contemporânea, conscientizada no âmago da ciência, leva a inteligência natural a um grau de complexidade não submetido às virtuais competências da inteligência artificial. Só assim diminui o risco da neoescravização à máquina, da impotência perante a decisão histórica, da subcidadania.

A narrativa da contemporaneidade se assina na escritura; não importa qual o código, ela pode se afirmar como polifônica e polissêmica, dialógica e dinâmica, interrogativa e inquieta. A intertextualidade com a cultura e a história corre no subtexto do inconsciente coletivo: aí está a linguagem mítica para transcender o texto da consciência analítica. Na convivência da referência ao real e na poética do surreal despe-se a couraça da dogmática positivista. A ação social se faz presente: a narrativa se cumpre tanto na espiral dos afetos quanto na esfericidade dos argumentos. Poética e racionalidade mobilizam a plenitude inteligente da transformação do real – o caos funda um cosmos.

A oficina é trabalhosa. Anos e anos, gerações e gerações que têm passado pelos estudos e laboratórios da *Narrativa da Contemporaneidade*, enquanto disciplina acadêmica, se movem em um ciclo de aprendizado surpreendente e encantador. O que poderia cansar desencadeia energias renovadoras. Algumas constantes, porém, se repetem. Até os autores se despojarem das cristalizações da escolarização, da cultura ocidental, das ideologias dogmáticas, da atrofia intuitiva, vão alguns momentos de angústia intelectual, às vezes de um desalento mal disfarçado.

Mas laboratório e estudo universitário são sempre um ato criativo da educação. Não valem as fórmulas ou as correntes da gramática pedagógica. O despertar de uma narrativa ética, técnica e esteticamente singular é, como aprendi com os artistas, 90% de transpiração e 10% de incontrolável intuição. Para que se abram os poros e se devolva à expressão a inspiração, é preciso superar todos os facilitismos: das certezas ideológicas, da simplificação das ideias prontas, da insensibilidade ou desrespeito perante a cifração do mundo e de seus diferentes protagonistas.

História, arte, cultura e epistemologia ajudam a desmontagem dos espíritos armados ou, mais cruamente, dos pobres de espírito. Sutileza e complexidade na compreensão de mundo vão desaguar numa narrativa original. O autor abandona a pretensão arrogante de dono da verdade e desliza, humildemente, no pântano anônimo do cotidiano incerto e não sabido. Ao se relacionar com os parceiros da aventura contemporânea, experimenta a interação sujeito-sujeito, bem diferente do enquadramento do outro como objeto de seu relato. Um típico vício reducionista deve ser abandonado – a obsessão de que tudo tem um fator causante. Uma situação humana e social seria provocada por uma causa determinada e, nesse contexto, há uma luta de bandido e mocinho. A percepção e a pesquisa da inter e multicausalidade das coisas desafia uma inteligência complexa. Da mesma forma, os maniqueísmos denotam uma visão deformada, já que dicotomizam os seres em constante contradição, em movimento, esféricos e não planos. Aí também se inclui o raciocínio de certo e errado, numa fragmentação estanque que desconhece a noção de coerência, de encaixe e sustentação no todo.

O pensar complexo seduz os intelectuais expostos aos avanços da ciência, como a microfísica ou a filosofia da ciência e a epistemologia. Pensadores como Edgar Morin, apóstolo da complexidade da segunda metade do século 20 em diante, e especialistas de laboratório como Ilya Prigogine – só para citar dois nomes entre tantos outros – sacudiram certas inércias do relato científico. Os mais rigorosos da desconstrução-construção do método não desqualificam, no entanto, a narrativa da arte. Pelo contrário, no limite do conhecimento científico há uma fusão com o maravilhoso poético. Tome-se o romance como narrativa de fôlego: a saga ficcional se tece entre sujeitos, o enredo é processo, as forças da ação são pluricausais, os personagens agem no calor das contradições individuais e seus modos de ser e de dizer não se dividem primariamente em certos e errados. Mikhail Bakhtin analisou como poucos a grandeza desse processo narrativo em que o romancista escreve para compreender o mundo humano em sociedade e os conflitos internos dos protagonistas/personagens. O autor russo reconhece a dialogia na ficção romanesca, quando para a maioria dos teóricos de seu contexto e época (revolução soviética) o gênero era situado como a expressão literária por excelência da ascensão da burguesia. Para Bakhtin, o romance funda profundos alicerces na polifonia e na polissemia democráticas.

Re-unindo a arte à ciência e trazendo a oficina para o mundo vivo, os aprendizes e estudiosos desabrocham um conteúdo narrativo tão criativo quanto solidário, tão intuitivo quanto analítico. Ao narrar, o escritor mobiliza múltiplos narradores literários, muitos coautores e receptores da mensagem. A intertextualidade existe antes, durante e depois de uma escritura. O presente se tece na ação coletiva da primeira realidade e se emaranha e retece na realidade simbólica das narrativas. Por que o relato científico ou jornalístico tem medo da metáfora, da polifonia e da polissemia? Por que rejeita a ambiguidade poética?

Reflexos II:
Contextos sociais, complexidade e dialogia

Visão de mundo, comportamentos e cumplicidade social em grande parte se refletem nos inúmeros textos que assinei no período profissional de *O Estado de S. Paulo* (1975-1985). Copidesque, editora e, acima de tudo, repórter especial. Paralelamente aos cargos que ocupei nesses dez anos, permanecia o desejo de sair à rua, viajar pelo território nacional e fora dele como jornalista em ação. Daí o acúmulo de reportagens que torna inviável uma antologia mais completa. Selecionei poucas páginas dessa história que atestam, mais do que todos os artigos e livros, a adesão ao *signo da relação*, ao *diálogo possível*, à busca interpretativa dos contextos sociais desafiadores.

Vamos então aos fragmentos selecionados da *memória de repórter* na vida cotidiana de um jornal. Embora a fase mais longa tenha sido à frente de uma editoria de Artes, nunca aderi à ideologia da especialização e considero a divisão dos conteúdos jornalísticos em editorias um legado da organização industrial. Sempre defendi o substantivo *jornalismo*, sem adjetivos apostos. Por isso mesmo, se seguem trabalhos que exemplificam a circulação temática em pautas as mais diversas, que não cabem nos estritos limites das editorias.

Primeiro, um debate sobre os mutirões históricos em São Paulo, com a presença do então prefeito Mário Covas, em 1985. Anos mais tarde, no livro *A casa imaginária*, da série de livros-reportagens *São Paulo de Perfil*, meus alunos de graduação da USP elegeriam o tema da habitação, e Pedro Ortiz, hoje brilhante jornalista, mestre e doutor, tratou dos mutirões numa narrativa de fôlego sobre a Vila Nova Cachoeirinha, apresentando marcas desse histórico. Sucedendo à minha reportagem, integrei um texto de memória que gentilmente Pedro Ortiz escreveu para este livro.

Praticava, nos anos 1970, a voz plural (polifonia) que levava à pluralidade de significados em conflito (polissemia), na dinâmica de mesas-redondas de que muito me vali nos dez anos de *Estadão*, ainda enfrentando os cerceamentos remanescentes do Estado autoritário no Brasil. A esse propósito escrevi um ensaio publicado no livro de 2001, *Minorias silenciadas*, organizado pela historiadora Maria Luiza Tucci Carneiro, sob o título "As múltiplas faces da censura". Considero que a dinâmica das mesas-redondas oferece oportunidades ímpares de democratização de vozes, proposta que me é muito cara no direito à informação. Essa prática jornalística tanto vale para as mídias impressas, eletrônicas ou, na atualidade, digitais. Como reminiscência, lembro que também me vali dessa técnica em debates promovidos como editora de um telejornal diário na TV Bandeirantes (1974), e como editora de especiais na TV Cultura (1974-1975).

Já a segunda matéria que selecionei neste capítulo enfatiza a dialogia do TU-EU, a interação humana cuja cúmplice do encontro, no caso, foi Elis Regina. Na edição publicada no jornal por ocasião de sua morte precoce, em janeiro de 1982, eu citava no alto da página trechos do depoimento que ela me dera em setembro de 1980, na sua casa da Serra da Cantareira. Quando proponho oficinas de narrativas da contemporaneidade, saliento que a criação de narradores se origina na situação viva da reportagem. No *Estadão*, experimentei a multiplicidade de narradores; como autora, sempre que foi oportuno, deleguei a voz cantante para os protagonistas da reportagem, numa recusa técnica à estratificação do narrador de terceira pessoa, praticado no discurso tradicional. No texto que compus, ao chegar à redação de *O Estado*, senti a emergência de sua voz se sobrepondo, com fluência, a uma matéria descritiva do tipo *declarou, disse, acrescentou*, cacoetes linguísticos que quebram a dinâmica dialógica. Registro ainda um comportamento recorrente: considero o gravador um instrumento que, nessas circunstâncias, atrapalha o encontro interativo TU-EU, EU-TU. Tanto no depoimento de Elis Regina como em entrevistas com figuras políticas, não ocorreu nenhum caso de desmentido, tal a preocupação que tenho de cultivar a fidelidade ao testemunho do Outro.

Foram muitas as situações que me deram alento na pesquisa do *diálogo social* com protagonistas anônimos (prática exercida em inúmeras reportagens a partir de 1961), ou em pautas protagonizadas pelo poder político, econômico, intelectual – a maioria dessas reportagens publicadas no próprio *Estado de S. Paulo*.

Na terceira reportagem aqui selecionada, escolhi a área da saúde. Em meio ao grave contexto dos primeiros tempos em que a cobertura jornalística se voltava para a situação nacional e internacional da Aids, recorto um texto produzido em 1985. Estava eu mergulhada em uma matéria especial sobre ferrovias (que loucura a recorrência histórica dos desafios de transportes no Brasil!) quando presenciei uma cena perturbadora: um editor exigindo que uma estagiária, uma jovem estudante de Jornalismo, fosse a um hospital e extraísse a fórceps, numa UTI, um depoimento de um paciente terminal de Aids. Aquilo me revoltou e deixei a mesa e o telefone em que preparava a próxima entrevista sobre o assunto ferroviário no país, me dirigi ao digno editor e arranquei a pauta – *deixa que eu faço*. A menina, prestes a chorar, acenou para mim com jeito humilde.

Eis um fragmento que sempre traz à memória a arrogância e desmesura no conflito entre editores e repórteres, tema que muito se vem abordando nas aulas de graduação do curso de Jornalismo. Enquanto o projeto laboratorial na formação universitária estimula os estudantes a assumir compromisso ético, técnico e estético em relação à realidade – ou, como repito, o signo da interação social criadora –, nas redações onde fazem estágios os jovens repórteres não raro encontram editores autoritários, incapazes de aceitar a experiência transformadora do contato com o mundo, captada pelo aprendiz de jornalismo. Nesse sentido, o texto disponibilizado também representa essa negociação desigual entre editor e repórter, invisível para os analistas externos da *indústria cultural*. Quando, nessa oportunidade, deixei a crise ferroviária de lado e assumi a pauta do doente terminal de Aids, a estagiária sossegou e foi deslocada para um tema menos espinhoso. Imagine-se, repito, exigir que a menina entrasse numa UTI para *arrancar* um depoimento!

Sou compelida a anotar que, de minha parte, o assunto não se esgota aí, pois assumi naquele momento a cobertura de Aids no *Estadão*. Na atualidade, o jornalismo noticia avanços científicos próximos à descoberta de vacinas; por outro lado, a pesquisa das últimas décadas trouxe para os pacientes tratamentos que poupam vidas ou adiam a morte iminente. Vinte anos depois da minha saída do *Estado*, surgiu a oportunidade, no Programa de Pós-Graduação sobre América Latina da USP (Prolam), de orientar uma pesquisa de mestrado nessa área. A médica infectologista Sônia Geraldes (hoje um quadro importante de Saúde Pública em Brasília) lançou, nesse trabalho, sinais de alerta tanto para os parceiros da medicina quanto para os comunicadores, no que tange à concepção das campanhas preventivas. Para a pesquisadora, que estudou as propostas do México e do Brasil, a prevenção não se dá no âmbito da persuasão racional, já que a sexualidade não se enquadra nos cânones da divulgação científica. Ela encontrou, na pesquisa empírica, o ambiente preventivo possível – a relação direta dos pacientes em grupos de apoio. Aí, por se sentirem sujeitos afetos à mesma condição, é possível a emergência de um testemunho de estados íntimos em que se pode vir a discutir estratégias de prevenção. O racionalismo persuasivo das campanhas, adverte Sônia Geraldes, não dá conta das sutilezas no diário cotidiano das relações sexuais.

Em 2011, no programa de pesquisas latino-americanas em que organizo seminários e livros no Memorial da América Latina de São Paulo, foi editada a publicação que registra a atualização sobre o tema, com a presença de Sônia Geraldes e de outros especialistas da área. Dessa vez, diferente da perplexa impotência dos primeiros anos de 1980, o tratamento da doença ganhou novo alento, daí o título do livro – *Aids, na rota da esperança*.

Da memória de repórter dos anos 1975-1985 seguem, assim, três reportagens publicadas no jornal *O Estado de S. Paulo*: "A conquista de melhor qualidade de vida"; "Elis, fôlego e resistência num país chamado Brasil"; e "A morte no espelho".

A conquista de melhor qualidade de vida

> O Estado de S. Paulo, pág. 26, 21/4/1985

EM MUTIRÃO...
FAÇA VOCÊ MESMO SUA CALÇADA

- *É necessária nossa contribuição para que os homens públicos também se conscientizem de nossas necessidades, que retornem a nós o que nos é de direito.*
- *O novo governo não poderá fazer milagres, os problemas estão aí para ser resolvidos, são muitos, e os recursos, escassos.*
- *A sociedade precisa e espera muito, e já.*
- *Chega de decisões paternalistas, de cima para baixo, que o governo seja um executor da vontade popular.*

Estas frases são extraídas de manifestos, de convocatórias, de programas de trabalho. É a ideia de mutirão que avança em São Paulo – ontem aconteceu um deles em Itaquera, com 800 pessoas. Uma proposta que já se manifestou com força em Goiás, na década de 1970, e hoje parece representar uma saída nacional para os problemas de habitação e infraestrutura urbana. As sociedades de bairro, as pequenas e médias comunidades do meio rural e do meio urbano mantêm viva a solidariedade tribal. Apesar de, em determinados momentos históricos, terem sido marginalizadas como organizações ameaçadoras, com a plataforma política da Nova República nos anos 1980 (de uma democracia participativa), essa reserva de energias tomou corpo. O poder público, no presente, está sendo pressionado para atender a demandas incalculáveis e o mutirão surge como uma alternativa na solução de alguns dos problemas urbanos. Chega então o momento em que o governo e a sociedade de amigos de bairro se encontram em um projeto comum. Assim surgiu no país um mutirão civil (um supramutirão), que se organizou há apenas nove meses, para servir de banco de dados dessas formas participativas. A Ação Brasil já está em funcionamento.

O *Estado de S. Paulo* reuniu, em sua redação, líderes representativos do mutirão da capital, e aqui se promoveu um debate que levanta as origens históricas, as implicações atuais e as novas perspectivas destas organizações comunitárias. Compareceram o prefeito de São Paulo, Mário Covas, Sampaio Dória, secretário das Regionais, Sami Bussab, presidente da Empresa Municipal de Urbanização (Emurb), Luís Sérgio Marcondes Machado, assessor especial da Prefeitura de São Paulo, Edward Zeppo, assessor de obras das Regionais, os líderes comunitários Expedito Sales Marinho (Jardim das Oliveiras e Parque Santa Amélia), José Camilo de Santos (Grande Campo Limpo), Benedito Neiman (Limoeiro), Paulino Ferrari (São Miguel), e também o presidente da Ação Brasil, Carlos Eduardo Salem, e o vice, Carlos Figueiredo.

Na hora de dar as mãos

A participação das comunidades no mutirão está ligada à evolução histórica das Sociedades Amigos de Bairros (SABs). José Camilo dos Santos, há dez anos envolvido com essas sociedades, testemunha que elas sempre foram atuantes, embora "tenham sofrido um abalo na sua liberdade para reivindicar após 1964". Para ele, nos últimos anos, as SABs só eram bem vistas quando não feriam o poder político. Caso contrário, caíam na marginalidade. A luta pelo reconhecimento por parte das autoridades constituídas se acentuou a partir de 1978, segundo os líderes paulistas. Por um lado, defendem, a partir de então, a participação e a autonomia. Por outro lado, caminham em direção à estrutura de câmaras e de conselhos. Não se pode precisar o número exato de entidades já existentes em São Paulo. Fala-se em 1.200, e só em Campo Limpo, de acordo com José Camilo, são 137 SABs. O que pretendem provar os moradores de regiões periféricas é que elas não são "pessoas atrasadas que vivem em bairros pobres", e sim pessoas conscientes de sua autonomia que até consideram os políticos, em grande parte dos casos, como uma intermediação desnecessária. As SABs querem falar com o interlocutor, o poder público, diretamente, expondo as reivindicações que só eles sabem avaliar.

O programa de mutirões comunitários para implantação de guias e sarjetas é o mais novo impulso à organização dos bairros. A Prefeitura de São Paulo já cumpriu com um calendário que envolveu a participação de 1.200 pessoas. Treze ruas (seis quilômetros) no Jardim Três Marias; 17 ruas (12 quilômetros) no Jardim das Oliveiras; 11 ruas (5 quilômetros) no Jardim Capela; 28 ruas (12 quilômetros) no Jardim Limoeiro. Na realidade são gotas no oceano, mas, a cada etapa vencida multiplicam-se as pressões para que outros programas sejam assumidos pela administração pública.

Para que se troquem experiências e informações técnicas quanto a procedimentos alternativos (de baixo custo e de aproveitamento de capacidade ociosa da máquina do Estado), é muito importante um banco de dados. Quem está cumprindo com este papel é um "mutirão" da sociedade civil intitulado Ação Brasil. Surgiu há nove meses, de uma iniciativa de São Paulo, e hoje congrega, no âmbito nacional, colaboradores de todas as tendências, profissões e origens sociais, para promover o intercâmbio das experiências brasileiras nesta forma de organização. Graças à contribuição de seus membros, canaliza recursos para promover encontros, pesquisa de projetos, análise e difusão de alternativas. De 300 projetos reunidos em um primeiro momento, já foram selecionados seis pilotos em diferentes áreas: construção de moradias, escolas, postos de saúde, corporativismo, artesanato feito em casa, pavimentação etc. (A Ação Brasil funciona na avenida Paulista, 1765, 4º andar, e quem quiser se agregar ao mutirão é só se comunicar com a sede).

O mutirão não é novo na história dos grupos humanos. Mas Carlos Figueiredo, vice-presidente da Ação Brasil, abre este debate remetendo para um estrangeiro que observou um fato novo.

— O professor Ignacy Sachs, autoridade internacional na área de Ciências Sociais, nas suas viagens ao Brasil constatou uma mudança de comportamento muito importante: cada vez mais as pessoas estão se organizando para cuidar de seus bairros, construir suas creches, postos de saúde, pavimentar ruas.

Paulino Ferrari, administrador da regional de São Miguel-Ermelino Matarazzo, acentua a tendência a partir de março de 1983. A total carência de infraestrutura encontrava na bandeira política do governo, que se dizia de participação e democrático, um detonador para as reivindicações. Naquele ano, dez mil moradores daquela região se organizaram no mutirão da coleta do lixo no Jardim das Oliveiras e foram amontoadas 2.400 toneladas de detritos. Surgiu então o problema de escoamento e o prefeito Mário Covas confessou que foi pressionado a resolvê-lo. Se não, ameaçavam, o lixo viria todo para as portas da prefeitura. Hoje, o tema está maduro para a ampla discussão e os participantes desta mesa-redonda enfatizam o papel da imprensa no sentido de reportar uma prática social em desenvolvimento.

José Camilo dos Santos, presidente da Câmara das SABs do Grande Campo Limpo e presidente da Sociedade Amigos do Jardim Capela – O mutirão está diretamente relacionado com a organização do povo e com sua luta contra os loteamentos clandestinos. Eu me lembro, em 1979, de uma manifestação de 5.500 pessoas, no Ibirapuera, contra essa situação. Mas, nessa época, as entidades eram discriminadas pela administração municipal.

Carlos Eduardo Salem, presidente da Ação Brasil – Nossa entidade, que tem nove meses de idade, congrega empresários, professores, religiosos, jornalistas, artistas, funcionários públicos, profissionais liberais, enfim, líderes da sociedade civil. Chegamos à conclusão, ainda no ano passado, de que, fosse quem fosse eleito, os problemas nacionais continuariam e não haveria dinheiro que pudesse resolvê-los. A saída, portanto, é a participação da comunidade. Começamos por pesquisar projetos nesse sentido e encontramos 300, entre os que estavam em andamento e os que estavam engavetados. Da análise dos projetos, saíram seis pilotos como, por exemplo, na área de esgotos, construção de casas, reversão do êxodo rural, cooperativas de trabalho ou o projeto "Feito em Casa". Entramos em contato com todas as prefeituras do Brasil para levantar o que já se desenvolveu.

Carlos Figueiredo, vice-presidente da Ação Brasil – Na realidade, precisamos fazer a interação de tecnologias adequadas, uma espécie de banco de dados, de câmara de compensação. O intercâmbio de informações sobre novas técnicas é fundamental. (Neste momento, exibe-se, no debate, o *alicatão de pegar guia*, ferramenta inventada por um componente do mutirão em São Paulo.)

Benedito Neiman, presidente da União Comunitária do Limoeiro, presidente do Conselho do Menor da Zona Leste e membro do movimento de creches de São Miguel – Não tenho ideia da Ação Brasil, porque ainda não cheguei lá. Só sei que o trabalho popular tem hoje respaldo da administração da prefeitura. Mas é coisa antiga. Só que, com a mensagem do Partido do Movimento Democrático Brasileiro (PMDB), começamos a inchar. O prefeito vem ao encontro da ebulição de mutirões que não fazem só sarjetas, não. Os mutirões, neste momento, promovem a discussão política. O que eu vejo de fundamental é a evolução da organização. O povo tira uma grande lição – se se unir, faz a rua. O que era teoria passa à prática. Depois, vem o posto de saúde, a escola etc. São Paulo será e já é, em grande parte, um só mutirão.

Carlos Eduardo Salem – Uma coisa puxa a outra...

Benedito Neiman – Agora sabemos o que queremos. Pela primeira vez, o povo está junto com a prefeitura e o prefeito veio à rua.

Mário Covas, prefeito de São Paulo – A carência que encontrei é porque simplesmente a administração nunca deu resposta às demandas. Se nos enfrentamos com seis mil quilômetros de vias não pavimentadas, é porque essa demanda não foi atendida antes.

Estado – O mutirão seria então a única solução viável, a da escassez de recursos?

Mário Covas – A organização em mutirão provavelmente tenha origem na área rural. É basicamente uma manifestação de solidariedade coletiva, umas das faces da participação popular. O próprio êxodo rural e as dificuldades encontradas no meio urbano fizeram com que o mutirão se transpusesse para a cidade. A notícia mais animadora de tempos recentes vem de Goiás, entre 1965 e 1968, quando Iris Rezende era prefeito de Goiânia. Agora que o poder público vai ao encontro dessa organização e a considera acima de tudo como uma manifestação política, o movimento cresce.

Estado – O prefeito reconhece então que a expansão do mutirão é um fato mais recente...

Mário Covas – Na medida em que o povo foi sendo excluído da faixa de decisão, com a opressão e o autoritarismo, cresceu a organização em torno das demandas, aquele anseio de participação nas decisões que permitissem ter acesso a determinada qualidade de vida. O movimento contra a carestia (lembre-se também, a propósito, o das donas de casa em Porto Alegre, que promoveram o boicote à carne) se definiu como uma afirmação pública, com feição nitidamente política. Esses movimentos começaram a demonstrar ao poder público, à elite do poder que decide, o mutirão que, a despeito e até contra essa elite, vinha da periferia para o centro.

Estado – Embora com suas origens no período anterior, que horizontes se abrem agora com a "bandeira" de participação democrática?

Mário Covas – O primeiro deles, a consciência da comunidade de que deve contar com os próprios recursos; segundo, é ela própria que escolhe os recursos; terceiro, a partir dos horizontes abertos, conjugam-se então os esforços da comunidade e da administração na execução de projetos.

Sampaio Dória, secretário das Regionais – O grau de mobilização das comunidades, dos bairros e das ruas é de tal forma crescente que, além do estímulo à ação da prefeitura, empurra outra prioridade: a de que a administração se organize para poder atender às pressões. Ainda que se pense em alternativas de redução de custos, são de tal ordem que obrigam a fazer o intercâmbio de soluções mais econômicas. Estamos, por exemplo, com a perspectiva de uma feira de experiências comunitárias...

Mário Covas – A Ação Brasil se insere justamente aí. A necessidade de um banco de dados é evidente...

Carlos Figueiredo – Os recursos nunca seriam suficientes para atender à demanda. Quero me referir ao livro de Franco Montoro, lançado pela editora Nova Fronteira, *Alternativa comunitária – um caminho para o Brasil*, no qual já se alerta para o assunto no fim da década de 70.

Expedito Sales Marinho, presidente da SAB Jardim das Oliveiras e Parque Santa Amélia – No meu entender, as SABs, que enfrentam graves problemas, ganham, após o mutirão, algumas conquistas muito concretas: a começar pela aparência visual de uma rua pavimentada, sarjeta e guia construídas, seguindo com a urbanização e os progressos, acima de tudo quanto à saúde (rede de esgotos), e terminando por promover a união dos habitantes não só para o trabalho conjunto futuro como também para o poder de reivindicações...

Estado – Prefeito, o que acha da manipulação política deste movimento, o que se poderia chamar de *demagogia do mutirão*?

José Camilo dos Santos – Permita que eu fale antes do prefeito. O mutirão, encarado com seriedade, não corre esse risco. Não há como manipular, porque é a própria população que está decidindo, se assumindo como comunidade, e isso é antidemagogia.

Benedito Neiman – Também quero falar. É a primeira vez que se verifica o encontro entre o que nós queremos e o que a prefeitura quer. Antes, mandavam passar uma máquina em uma de nossas ruas, e pronto. Hoje, temos reuniões permanentes com o prefeito. Dizem até que ele dá mais valor às lideranças de periferia do que às reuniões com políticos. Agora, uma coisa é certa. Nós criticamos a máquina administrativa, que é muito lenta. Queremos menos burocratas entre nós e a administração municipal, e que as novas lideranças de mutirão sejam ouvidas, estejam presentes na prefeitura.

Mário Covas – O que seria fazer demagogia do mutirão? Primeiro, a gente não falar a verdade. Ora, a população prefere um "não" discutido com ela do que um "sim" que não será cumprido. Segundo, oferecer a ilusão do que não vai ser possível. Cada mutirão é previamente discutido e as condições e viabilidades são colocadas de parte a parte com clareza. Mas nós não abrimos mão de outro horizonte: a tese que está em jogo é, sobretudo, se queremos uma democracia meramente representativa ou se queremos uma democracia efetivamente participativa. Não descansarei enquanto não conseguirmos, por exemplo, que um grupo de estudantes, uma faculdade, qualquer setor da população dos Jardins, dedique um sábado e um domingo a acompanhar e a dar as mãos a um mutirão, para sentir essa solidariedade. Potencialmente, esta cidade tem muita solidariedade, faltam canais de comunicação. Quem puder, basta entrar em contato com as secretarias das Administrações...

Carlos Figueiredo – A superação do autoritarismo vai desembocar justamente na solidariedade, na construção de uma democracia participativa, afinal o que desejamos da Nova República.

Mário Covas – Quero salientar que quem ganha dividendos políticos não é ninguém individualmente, mas a tese em curso contra o Estado tecnocrático.

Benedito Neiman – Nunca se esquecendo de que, quando nós agradecemos alguma realização ao prefeito, está embutida uma cobrança. E sabemos o que cobramos: o povo está pronto para dizer o que quer. Não é como antes, quando a força ia toda para os caciques. Os choques que ainda existem entre, por exemplo, engenheiros e povo, são, no fundo, sintoma da luta contra a máquina administrativa. Construímos uma escola que, para funcionar, precisava sair sua regulamentação no *Diário Oficial*. Que fizemos? A escola começou a funcionar e só dois meses depois é que foi publicada sua oficialização.

José Camilo dos Santos – Para mim, o problema burocrático é que se mudou em cima e não se mudou embaixo...

Carlos Figueiredo – Posso atestar que a maior dificuldade é certo espírito corporativista dos técnicos, querem trabalhar à maneira antiga; de cima para baixo, enquanto é necessário fazer o máximo com o mínimo, com a participação de todos, reaproveitando equipamentos ociosos da máquina do Estado...

Benedito Neiman – Em vez de fazer projetos de estádios de futebol com equipamento caríssimo, com concha acústica e iluminação farta, precisamos é de campinhos de futebol nos bairros, áreas de lazer que custam infinitamente menos, construídas por mutirão...

Sami Bussab, presidente da Emurb – Devemos considerar também limitações legais. A legislação não está apta a assimilar essas novas experiências. É preciso mudar as regras do jogo pra se adaptar às tecnologias alternativas como as que a Ação Brasil difunde.

Carlos Figueiredo – Diria, em termos mais amplos, que o sistema jurídico ainda não está adequado. Daí, o significado da Constituinte...

Carlos Eduardo Salem – Acreditamos, basicamente, na inversão da pirâmide. Temos de virar o Brasil de baixo para cima. É preciso analisar, no âmbito da Constituinte, os projetos que monopolizam grandes recursos, a reforma tributária, a descentralização do poder para o município, fomentar a criação de sociedades de bairro. Tudo isso deve ser levado em conta pela Assembleia Constituinte e só assim poderá surgir uma reforma jurídica sensível aos novos movimentos da sociedade.

Mário Covas – Na medida em que se considera o mutirão uma face da participação, isso tem uma vinculação política imediata, isto é, liga o político à reivindicação concreta e vice-versa. Teremos, fatalmente, de prestar atenção a fenômenos emancipatórios pertinentes, estudar tratamentos diferenciados entre municípios de nove milhões de habitantes e municípios de nove mil.

José Camilo dos Santos – O mutirão já é a discussão na rua. O analfabeto junto com o que tem curso. Constituinte pode ser um mistério para o povo, mas no mutirão se aprende o que é liberdade e direitos humanos. Mesmo que as lideranças de bairro não discutam assuntos técnicos da Constituinte, o povo já sabe como chegar ao prefeito ou ao engenheiro e exigir seus direitos, qualidade de vida. E achamos que a imprensa pode contribuir muito nessas conquistas.

(Em 2013, solicitei a colaboração de Pedro Ortiz, que traz ao presente a memória dos primeiros passos da reportagem sobre a dinâmica do mutirão.)

Memórias afetivas do mutirão

PEDRO ORTIZ[5]

"**Domingo de sol** na Vila Nova Cachoeirinha, zona norte de São Paulo. Oito da manhã. Os primeiros mutirantes vêm chegando ao canteiro de obras para mais um dia de trabalho puxado. O descanso do fim de semana trocado pelo sonho da casa própria, que eles concretizam em cada fiada de blocos assentada, dando forma às paredes..." Assim começava a reportagem "Pó, suor e cimento (sina de mutirante)", publicada no livro *A casa imaginária*, de 1990, o sexto da coleção *São Paulo de Perfil*, inspirada e coordenada pela querida Cremilda Medina, professora, orientadora e amiga, jornalista de sensibilidade e humanidade plenas. A grande reportagem, em dois tempos, foi um dos produtos do meu trabalho de conclusão de curso de Jornalismo na Escola de Comunicações e Artes da Universidade de São Paulo (ECA/USP), no final daquele ano, sob orientação da Cremilda. Durante meses acompanhei passo a passo, nos finais de semana, o processo de construção de uma das etapas do grande mutirão da Cachoeirinha, o primeiro de São Paulo, iniciado na década de 1980. Pelas mãos generosas do arquiteto e professor da Faculdade de Arquitetura e Urbanismo da USP (FAU-USP), Paulo Sérgio (*in memoriam*), consultor técnico do mutirão na Secretaria Municipal de Habitação, na gestão de Luiza Erundina na prefeitura, tive acesso à comunidade e pude, como repórter, vivenciar os desafios, lutas e sonhos dos mutirantes. Conheci gente de fibra, incansável, homens, mulheres e crianças, famílias inteiras que passavam os finais de semana no canteiro de obras, construindo em sistema de ajuda mútua e autogestão as 77 casas que futuramente seriam suas moradias, somando-se às 333 já existentes da

---

5. Pedro Ortiz, jornalista, documentarista e professor universitário, dirige a TV USP, o Canal Universitário (CNU) e é vice-presidente da Associação Brasileira de Televisão Universitária (ABTU). Na Faculdade Cásper Líbero, é professor de Jornalismo na graduação e na pós-graduação.

primeira etapa do mutirão. Com a publicação do livro, voltamos à Cachoeirinha para o lançamento dentro da comunidade. Depois, com a orientação da Cremilda, passei mais seis meses escrevendo o "segundo tempo" da reportagem, discutindo o texto do livro com os seus protagonistas, em uma oficina coletiva experimental que me ensinou muitas coisas. Lembro com carinho até hoje, mais de 20 anos depois, daquela experiência única, iniciática, que consolidou em mim a semente de um jornalismo compreensivo, humanizado, ao lado das pessoas, pela cidadania e os direitos fundamentais, mediador e instigador de uma realidade em constante transformação. Sou eternamente agradecido à Cremilda por todos esses ensinamentos e vivências compartilhadas. Hoje, lá na Vila Nova Cachoeirinha, o mutirão está incorporado à paisagem como mais um bairro da periferia paulistana, próximo ao terminal de ônibus, ao hospital estadual e à maternidade e ao cemitério municipais, ao lado da avenida João dos Santos Abreu. Queria reencontrar a Nina, a Pilar, a Jacira, o seu Manoel, toda aquela gente do conjunto habitacional Nossa Senhora da Penha, do mutirão da Cachoeirinha. Estão todos presentes nas minhas memórias afetivas e profissionais. Quem sabe um dia a gente não se encontra por aí, nessa cidade imensa, desafiadora, multifacetada, polifônica.

São Paulo, setembro de 2013

Elis, fôlego e resistência num país chamado Brasil

> Depoimento de
> Elis Regina,
> *O Estado de
> S. Paulo*,
> setembro de 1981

Numa manhã de primavera, chego à Serra da Cantareira para visitar Elis Regina. Em sua casa rodeada de vegetação, céu despoluído, canto dos pássaros e gritinhos alegres dos filhos pequenos, sou convidada a sentar no estúdio repleto de discos. Conversamos sobre amenidades, sobre a vida fora do centro de São Paulo, o sossego à volta da casa. Inevitável um retrospecto da carreira e o fluxo de consciência se expressa na voz que encanta o mundo:

De repente, você percebe que já viveu uma porção de experiências. Que é como se estivesse repassando o filme. Comecei esta vida com 12 anos, estou com 35, não é que me sinta velha, não. Não é nada disso. O que acontece mesmo é que não me bate mais a passarinha, aquela excitação de deslumbramento ao estar vivendo pela primeira vez uma grande sensação. Maturidade? Não sei. O certo é que realmente não me entrego mais às últimas consequências, com aquele radicalismo de antes. Estou mais assuntando do que me excitando. Acho até que ir, de cada vez, às últimas consequências, não está com nada. Não resolve problema nenhum do mundo...

Quando penso que não teremos mais as Sete Quedas, que estão com data marcada para desaparecer, eu que me criei com aquelas imagens das quedas, posso ficar feliz, pulando? Vou achar o quê? Que vivemos a grande época da chegada do surfe?

(Elis fica mais séria, levanta e vai em direção a uma estante de discos. Me mostra um deles, adora Renato Teixeira, gostaria, inclusive, de se dedicar mais à sua obra. Emoção pura, volta à reflexão.)

Falando sério, estou é cansada de batalhar, de perder. As pessoas se amarram em cifrões, dizem que estou faturando horrores com este show ("Saudades do Brasil"). Esquecem que sempre faturei bem, que se os artistas ganham hoje alguns cachês altos, devem a mim, que impus decência ao tratamento do artista, que na Record exigi cachê alto que no "Falso Brilhante" faturei uma fábula. Sou uma mulher bem-sucedida, não há dúvida, não, senhor. Para quem vem de onde eu vim... Meu pai era um modesto chefe de expediente de uma fábrica de copos. Nesta terra, só se liga para cifrões e para diploma universitário. O sujeito vale por muito pouco. Basta qualquer um compor uma musiquinha e vira logo intelectual. Agora nós, nunca passamos de mão de obra. Já disse, vou fazer uma faculdade de História no próximo ano. Vou ser também "intelectual". É isso: me sinto uma mulher derrotada...

Talvez eu esteja hoje muito amarga. Mas a pequenez está aí, invadindo meu quintal. Toda essa confusão, essa inversão de valores. Está tudo atrapalhado. Os amigos? Poucos, muito poucos. Um Milton Nascimento, que deixa de ir a Montreux porque outros são prioritários. São 80 mil músicos desempregados neste país (dados de dois anos atrás, quando eu ainda estava na Associação dos Intérpretes) e vagas de sinfônicas estaduais pagas em dólar para músico estrangeiro, que nem sequer forma os da terra antes de ir embora.

(Tomamos água. Elis está agora mergulhada na condição do artista. O sucesso nacional e internacional parece não impedir seu agudo senso crítico perante circunstâncias limitadoras.)

O que me cansa é começar cada dia de novo e não ter nem a infraestrutura sedimentada. Cheguei ao ponto de pensar que o negócio é sair por aí – minha banda e eu – a cantar. E quem não gostar que chame outra. Nesta terra só há duas que cantam: Gal e eu. Mas se não quiserem uma de nós duas, troco de país. Ou paro de cantar. Também já pensei nisso. Olha, uma confissão de mulher para mulher: sabe o que está valendo a pena? Voltar para casa e ficar com essas crianças, tentar fazer a cabeça delas. Acho que é isso que realmente compensa nesta vida.

P.S. – Depois de assistir ao espetáculo "Trem azul", mais um dos sucessos de Elis noticiados na editoria de Artes, fui convidada a jantar com a cantora. No jantar, acertamos a visita à Serra da Cantareira. Selecionando o depoimento antes transcrito, sinto o laço de relação profunda com a artista, com raízes na Porto Alegre de minha adolescência, quando a pequena Elis começava a cantar em público no auditório do "Clube do Guri", programa dirigido por Ari Rego, na Rádio Farroupilha. Editar, no *Estadão*, a cobertura de sua morte a 19 de janeiro de 1982 me fez sintonizar profundamente com a emoção coletiva que chorou sua perda.

A morte no espelho

O Estado de S. Paulo, 21 de julho de 1985

Uma história assim: era um jovem muito bonito, inteligente, ágil, apto a qualquer iniciativa. Na sua família, o pai falecido, um irmão e a mãe, figura dominadora. Esse jovem carregava a angústia de não poder se assumir como homossexual. Decidiu então ir para os Estados Unidos, primeiro, para ficar rico, segundo, para ser livre e levar a vida que quisesse sem o controle rígido da mãe. Realizou os dois sonhos, ficou muito, muito rico, entrou em todos os mundos que desejou – o da promiscuidade e o das drogas, o das experiências ilimitadas – e contraiu Aids.

A psicóloga Ana Maria Barbosa, terapeuta que acompanhou o caso quando ele chegava à antecâmara da morte, sempre surpreendia em seu rosto a expressão da tragédia. O paciente voltou dos Estados Unidos, onde esteve hospitalizado e recebeu os melhores tratamentos possíveis, retornou ao útero, chegou à sua casa, à mãe, à família. Para morrer entre os seus. Foi necessária a terapia, já que a enfermagem a domicílio ele podia pagar, e da melhor. Mas quem cuidaria da dupla angústia – a da homossexualidade não confessa e a da morte que se aproximava? A psicóloga, especializada em doentes terminais, entrou no tempo final de sua vida e o psicodrama da família atingiu tons expressionistas. O jovem, ora no ritmo oscilante da doença, ora na curva da terapia, tanto queria morrer imediatamente, atenuar o tormento, quanto fazia de tudo para prolongar o martírio imposto acima de tudo à mãe. Ela, militarista, começou por não aceitar a homossexualidade do filho (a rigor nunca a encarou) e terminou por regular as excentricidades financeiras do paciente cheio de dólares.

Trouxe muitos dos Estados Unidos e comprava tudo que lhe vinha à cabeça, até uma motocicleta para ficar guardada sob o seu olhar, quando sentava na cama. O reizinho decidiu torturar a mãe preocupada com os gastos do filho endoidecido. Às 11 da noite encomendou um prato muito especial com ingredientes impossíveis de achar a essa hora. A mãe tinha de rebolar para satisfazer os desejos daquele filho com data certa para morrer. Ameaçava seguidamente os familiares com um ato público de ódio do mundo, contra a riqueza acumulada: jogaria todos os dólares, guardados embaixo do colchão, pela janela do quarto. Era muito difícil trabalhar com este paciente terminal, mas, acima de tudo, com a mãe, que preferia ver o filho morto a aceitar sua condição. Ele, evoluindo na terapia, conseguiu pôr para fora todo o ódio guardado. Aí mesmo é que a mãe entrou em pânico, ao ver a dominação desrespeitada. Colocou a culpa na terapeuta, exigiu que o filho a dispensasse. Ele não queria, mas justamente quando estava chegando à compreensão do intenso amor pela mãe, raiz da relação tumultuada dos dois, ela, que não conseguiu resolver seus próprios problemas, fez prevalecer o comando, e a psicóloga foi afastada às vésperas da morte do paciente.

Revolta e esperança

Ana Maria de Souza Barbosa, professora e pesquisadora da Universidade de São Paulo (USP), optou, muito jovem, por se colocar ao lado da morte e sondar sua relação com os vivos, viventes no entanto muito especiais; antes, cancerosos, hoje, pacientes de Aids. Com mestrado sobre o assunto e doutoramento em curso, também na mesma área, a psicóloga encara o trabalho com a obstinação da cientista inconformada com a bibliografia estrangeira que lhe foi oferecida em sua formação acadêmica e, constatando o perfil da dona Maria, com câncer de mama, mãe de dez filhos – arrimo de família, porque o marido, alcoólatra, bate nos filhos quando chega a casa à noite –, a pesquisadora teimou e está teimando em documentar o comportamento do paciente terminal brasileiro. E se isso vale para os de câncer, com quem trabalha há alguns anos, imagine-se com as vítimas de Aids, doença em que não há especialização científica no Brasil neste momento.

Com essa cuidadosa mentalidade de pesquisa, Ana Maria Barbosa acompanhou pacientes terminais de Aids no Instituto de Pneumologia do Parque Hospitalar do Mandaqui e inicia, neste momento, um projeto no Hospital do Servidor Público Estadual. Ao se lidar com a Aids, é preciso reconduzir os procedimentos para os trilhos da pesquisa científica. Ana Maria não faz nenhuma afirmação leviana, muito menos sensacionalista, sobre os pacientes terminais desta doença que está prestes a se transformar em um pânico social.

Há muitas perguntas por responder e só o trabalho de investigação integrando equipes médicas, psicológicas e de assistência social poderia encaminhar hipóteses sérias. Por exemplo: por que os homossexuais (grande grupo de risco) portadores do vírus não contraem a Aids? E por que, em determinado momento, um deles pode contrair? A que atribuir a fragilidade orgânica? Apenas a aspectos biológicos? Ou também aos fatores psicológicos? A ciência não compreende, com nitidez, o complexo humano. Os pacientes terminais acompanhados por Ana Maria Barbosa já formam um conjunto de linhas de comportamento, mas, segundo ela, não lhe dão a certeza de afirmações definitivas. Não é procedente, entre outras coisas, comparar o contexto de um homossexual brasileiro com o de um norte-americano. Como não era possível relacionar a dona Maria com uma paciente terminal de câncer francesa.

Dos casos estudados, o do jovem antes citado no relato apresenta uma característica geral e outra diferenciadora. A pesquisadora tem encontrado em todos os pacientes terminais de Aids uma figura dominadora na família, quase sempre a mãe ou o pai, mas também pode ser um irmão. Esse conflito é, pois, um dado com que o terapeuta sempre conta e, muitas vezes, torna-se mais difícil trabalhar com esta figura do que com o próprio doente. Já o aspecto específico desse jovem era sua angústia com a homossexualidade. Os demais pacientes não acusaram o dilema. A perturbação profunda que persiste em todos é o encontro marcado com a morte. O tônus emocional do doente balança entre a revolta e a esperança.

Falta tempo

Um paciente terminal de câncer pode atingir a familiaridade com a morte numa eficiente terapia composta por várias etapas. Mas para o doente de Aids falta tempo. Ana Maria Barbosa, no seu amargo realismo, confessa o sentido de impotência: a próxima entrevista marcada com o paciente pode não ocorrer, porque ele morreu na noite anterior. Nunca se sabe se esta é a última sessão. Que terapia é indispensável, não se discute. Mesmo no fio da navalha não se pode abandonar um ser humano despreparado diante da iminência do fim. Para a pesquisadora, um despreparo provocado pela experiência social. Desde criança, o indivíduo é afastado da morte, monta-se uma cena como se ela não existisse. As pessoas crescem e progressivamente vão projetando o fantasma no corpo dos outros.

O paciente terminal de Aids se confronta com várias formas de morte. Dentro do dominante grupo de risco, os homossexuais, o drama começa pela degeneração física. Sempre dotado de vaidades estéticas, particularmente sensível à beleza física, não se aguenta diante do espelho. Ana Maria Barbosa vai mais longe: o homossexual, cujo objeto de amor é ele próprio, não suporta a destruição deste objeto de amor. Em sua pesquisa, a psicóloga anda beirando a teoria da melancolia e do luto, de Freud. Se for por aí, é preciso trabalhar nesta difícil frente dos abismos em que cai um ser humano, já por si tão frágil. Sem contar dores físicas insuportáveis. O depoimento de quem acompanha pacientes terminais não ameniza de maneira alguma o quadro: quando pele e ossos é tudo o que nos resta nos momentos finais, dói viver. Ana Maria não sabe se há bom termo possível na terapia levada até a morte, se o paciente morre resignado ou simplesmente aliviado.

Em toda essa situação, que não é fantástica, mas a realidade de um indivíduo por dia em São Paulo, ela insiste no papel fundamental da família do doente. Apesar de a mãe presente no relato, figura impermeável, ser uma constante, a evolução de seu procedimento durante a terapia não serve de exemplo positivo. Felizmente, Ana Maria tem encontrado outros perfis de família: os que dão uma extraordinária ajuda ao paciente, a mãe ou o pai que, aceitando a condição homossexual do filho, fazem tudo para atenuar seu sofrimento; as famílias que vendem o que têm para proporcionar o melhor tratamento possível; os parentes que não se relacionam com o contaminado de Aids como se ele fosse um enfermo de consciência, o que impõe à principal vítima a culpa pelo mal imposto à família.

No fundo do poço

O jovem belo e inteligente que enriqueceu nos Estados Unidos tinha dinheiro para sustentar um isolamento em casa, com enfermagem e todos os recursos médicos. Esta, porém, é a exceção. A grande maioria dos contaminados com Aids não tem nem mesmo este consolo – lutar, com todos os meios científicos, contra a morte. Enquanto há vida, é preciso sustentar a esperança. Papel importante da psicologia não só para a sociedade como também para cada paciente. Uma defesa para que não o vejam em processo de definhamento. A família ainda seria o nicho ideal, pelo menos enquanto não se faz necessária a hospitalização. Para este doente duplamente estigmatizado – pela homossexualidade e pela Aids –, se uma mãe ou um pai não se comoverem, quem o fará?

Já se anuncia na sociedade brasileira uma tempestade que tende a transformar a homossexualidade em bode expiatório para a Aids. Difundem-se preocupações do tipo: *meu maquilador é homossexual, será que posso pegar Aids pelo contato com ele?* Entre a informação seriamente divulgada e o alarmismo sensacionalista, a fronteira é mínima. O fato é que a estatística da doença reflete uma perigosa progressão. Ana Maria Barbosa, que não opina nunca sobre a área médica, chama a atenção, porém, para a extrapolação do âmbito tradicional da homossexualidade no que diz respeito à Aids: hoje fazem parte também do grupo de risco os bissexuais, que, por sua vez, estão transmitindo o vírus para as mulheres. No fundo, sem se ter formulado uma profunda teoria da sexualidade e uma compreensão do que efetivamente aconteceu com a pós-liberação sexual, entra-se de cheio num questionamento de vida e morte.

As linhas de pesquisa são múltiplas. Ana Maria Barbosa reflete em voz alta: *são tão poucos os pesquisadores no Brasil.* O certo é que não se podem ditar regras, nem por parte da sociedade nem por parte de médicos ou psicólogos, sobre esta doença que, até o momento, é fatal. As interrogações abrangem a área científica, social e ética. Quem atira a primeira pedra, que examine o próprio telhado.

Reflexões II: Metáforas das ruas

*Quem poderá deter
o instante que não para de morrer?*

Sophia de Mello Breyner Andresen
(1919-2004, poeta portuguesa)

A rua, como espaço dos cruzamentos coletivos, remete à cidadania. Se o cidadão é aquele que assume um espaço na cidade, dá voz aos anseios, faz presente sua história e expressa o desejo de outra história; se o cidadão é aquele que *viaja* conduzido pela esperança de melhores dias e, por isso, deixa o interior rural, vai em direção à urbanidade das múltiplas ofertas; se o cidadão, enfim, se narra na cultura que lhe dá identidade comunitária – então, o repórter transita nesse *locus* onde se mobilizam os sentidos para a observação e a escuta dos parceiros na contemporaneidade.

Reportar os movimentos da cidadania, perceber o protagonismo dos sujeitos, o contexto coletivo em que estão inseridos, as raízes histórico-culturais que os particularizam, sondar os diagnósticos-prognósticos daqueles que pesquisam saídas para os impasses da condição humana, eis a *arte de tecer o presente*, em que se criam as *narrativas da contemporaneidade*. Esse ofício, predominante no jornalismo, é cultivado no sentimento de mundo, inerente ao *signo da relação*, o que traduz a experiência dialógica do EU-TU (Buber, 1982). Se a tradição reforça, autoritariamente, a difusão das informações de atualidade do emissor para o público, a concepção e as práticas das sociedades democráticas provocam a mutação do ato de divulgar para a ação comunicativa.

Retomo reflexões hoje registradas em livros, mas também no exercício de jornalista nos anos 1960, 70 e 80. Após o intervalo acadêmico provocado pela ditadura militar, de 1975 a 1985, quando trabalhei no *Estado*, ao voltar à Universidade de São Paulo, implantamos, meus alunos de graduação e eu, o projeto *São Paulo de Perfil*. A partir de 1987, os laboratórios pedagógicos que resultaram na série de livros (27 volumes) concretizariam a concepção una de teoria e prática em torno do eixo de pesquisa recorrente, *O diálogo social*. Relatar os fundamentos dessa experiência se faz oportuno nesta antologia da *Memória de repórter*.

A mediação do comunicador nas narrativas da contemporaneidade traz à tona toda a bagagem de um processo de transformação do jornalista. No cerne dessa mudança está uma autoria consciente, informada pela epistemologia da comunicação social, aberta à inovação técnica e eticamente solidária. Uma autoria que se desprende da claustrofobia do ego, dos muros corporativos e dos tetos ideológicos para se mover nas incertezas do *diálogo possível*. Ir à rua, como metáfora do coletivo, favorece o encontro físico com o Outro e sua circunstância, mas também ameaça o desencontro entre os dogmas do jornalista e a realidade viva disponível para quem observa o mundo, escuta as vozes plurais e ensaia reportar a complexa experiência. O caminho entre o desmonte dogmático e o esforço compreensivo traz espantos, impotências e encantamentos.

A concretização do texto (*lato sensu*, não importa em que suporte tecnológico) põe a nu esse esforço: do caos da experiência ao cosmo da narrativa. Garantias de qualidade? Muito poucas. Entretanto, a trajetória de um autor testemunha conquistas e derrotas. Uma imperfeição aceitável porque, no fundo, carrega um lastro de fidelidade ao Outro reportado. Há mesmo como medir o grau de fidelidade, que não é o mesmo que *objetividade*, conceito traçado pelo cientificismo do século 19. Na continuidade de uma assinatura, narrativas que passam à prova da exigência do direito de resposta, da contestação pessoal ou pública, confirmam que tal autoria não trai o Outro; pelo contrário, acrescenta à relação EU-TU mais do que um vínculo momentâneo, registrado por códigos informativos e esquemáticos, mas um laço profundo entre os sujeitos da relação e uma inesperada interação em que ambos se alteram. O que no processo pedagógico se pode nomear *interação social criadora*.

Ou, na comunicação social, um encontro transformador. O jornalista que apenas *divulga* não participa da esfericidade do *signo da relação*, não compreende a dimensão humana na plenitude do encontro sujeito-sujeito. O Outro não passa de uma *fonte de informação*, objeto indistinto da rotina profissional. Por sua vez, esse *objeto* assim tratado apenas declara o conveniente e aparente, oferece a público a informação permitida pela razão instrumental. Nem repórter nem fonte se alteram: cumprem o papel da inércia difusionista. Por outro lado, quando o jornalista se aproxima curioso do outro sujeito, permeável à incerteza, se flagra desarmado de ferramentas para extrair declarações predeterminadas. Não sabe, ensaia compreender. Sujeito e sujeito (não, objeto) deparam em iguais condições, desfaz-se a hierarquia entre a pergunta e a resposta. Inicia-se um processo de troca confiante em que ambos se alteram.

O reencantamento da comunicação, não mais a mecanicista divulgação, acontece na intersubjetividade. O plano dos fatos concretos se amplia no infinito das pessoas em diálogo, da experiência que traz à tona real e imaginário no processo de produção simbólica. Voltando à rua como metáfora da cidadania, aí se encontram sentidos subjacentes tão próprios do humano ser, em comparação às estatísticas e análises que passam ao largo da sutileza cultural dos comportamentos. Já o disse certa vez, em um congresso internacional na velha Iugoslávia (em 1990, um ano antes da guerra que a desmembrou em vários países): *o jornalista é um leitor cultural*. Cada encontro com o Outro é um aprendizado, uma leitura surpreendente do mundo que nos cerca. Mas também quem depara com esse leitor cultural que sente, observa e escuta se abre à autodescoberta, porque se entrega por inteiro, sem a máscara declaratória da tradicional *fonte de informação*. Realiza-se o ato dialógico. A experiência de vida substitui a encenação jornalística e o caos da condição humana se organiza numa narrativa de coautoria.

Todas essas ideias, desenvolvidas ao longo de cinco décadas têm uma referência laboratorial que estimula as veredas teóricas. Já registrei no capítulo anterior (*Reflexões I*) a saga inter e multidisciplinar que se desenvolveu ao longo dos últimos 20 anos no projeto de pesquisa intitulado *Saber plural e a crise de paradigmas*, agora no 11º exemplar da Série Novo Pacto da Ciência. O fato é que o pensamento coletivo, que representa a polifonia e a polissemia dos saberes, enriquece a perspectiva epistemológica. Da medicina, física, matemática, química, biologia, ciências sociais, comunicação e educação às diferentes expressões da arte e das mitologias, colhem-se inspirações, metodologias e noções que dão alento ao *novo pacto da ciência*. E o principal eixo que move a trajetória inter e transdisciplinar tem sido a ação comunicativa desenvolvida nas ciências da comunicação, não propriamente no recorte da sociologia proveniente da racionalidade iluminista (Habermas, 1989).

A massa crítica dos saberes científicos, cruzados com a experiência humana do cotidiano ou com a expressão dos artistas, comparece também no conjunto de dissertações de mestrado e teses de doutorado, sem deixar de lado os trabalhos de conclusão de curso de graduação, que venho acompanhando como orientadora, ou nas bancas examinadoras no país. A título de exemplo, não poderia esquecer a contribuição ímpar de Ana Taís Martins Portanova Barros (2008), que tanto no mestrado como no doutorado mergulhou de maneira original nos estudos do imaginário. Professora da UFRGS, a autora não apenas comparece com uma sólida base teórica, como aplica a metáfora da rua como espaço pleno de comunicação na ação jornalística, tanto no factual visível quanto nos símbolos intimistas. Ana Taís comprova a viabilidade da narrativa dialógica, inerente às sociedades democráticas. No valioso acréscimo que dá à teoria da ação comunicativa, ela desvenda o protagonista social na subjetividade do imaginário. A descoberta, que dá outros sentidos à experiência coletiva, se concretiza no encontro corpo a corpo dos seres afetos à condição contemporânea.

Faria aqui outro texto, se revisse todos os trabalhos de ex-alunos que tornaram possível a teoria e a prática do *signo da relação*. Neste capítulo, porém, vou me deter em um projeto específico desenvolvido de 1987 em diante na USP; até 1997 ele se deu com estudantes de Jornalismo, e a partir de então com grupos interdisciplinares de graduação e do Programa da Terceira Idade da mesma universidade. Claro, o laboratório de *Narrativas da Contemporaneidade* é permeado por todas as atividades de pesquisa, as que se organizaram em torno do *Novo Pacto da Ciência*, em nível de pós-graduação, ou as que decorrem dos pesquisadores sob minha orientação e de outros estudiosos que se agregam aos grupos de trabalho. Faço aqui, contudo, particular remissão ao projeto *São Paulo de Perfil*.

Embora haja dois mestrados (Vargas, 1998; Alcântara, 2009) e um doutorado (Lopes, 2010) que abordem a série, vou sintetizá-la na perspectiva do *diálogo possível* e no processo constitutivo da prática teórica ou da teoria-prática cuja gênese e desenvolvimento remetem à oficina narrativa. Uma produção que conta com a autoria de mais de 500 estudantes de graduação, de alunos do Programa da Terceira Idade da USP e de outros colaboradores. Também devo me referir às experiências externas em duas outras universidades e numa comunidade do interior do estado de São Paulo. Mais três livros de narrativas, no lastro dos 27 exemplares da série *São Paulo de Perfil:* na Universidade Nacional de Brasília (UnB), com os alunos de pós-graduação da Faculdade de Comunicação de Brasília, saiu o volume *Narrativas a céu aberto* (1998); em Salvador, em um curso de especialização para comunicadores das Faculdades Jorge Amado, foi editado o *Bahia de perfil – Narrativas de todos os santos* (2007); e o livro *Mococa – Doces histórias (2007)*, que reúne autores da cidade que compareceram a uma oficina de narrativa promovida pela Coordenadoria de Comunicação Social (CCS) da USP, que eu então dirigia, em um festival de inverno organizado pelo departamento de Relações Públicas da CCS (atualmente Superintendência de Comunicação Social).

O ponto de partida do projeto de narrativas da contemporaneidade, narrativas essas localizadas em um contexto cultural como o de São Paulo, o de Salvador, o de Brasília ou o de Mococa, se remete à experiência colhida em Nova York, em 1980. Lá conheci um trabalho de história oral subsidiado pela Community Documentation Workshop da St. Mark's Church-in-the Bowery, que publicava biografias de anônimos do Lower East Side. Essas histórias de vida, sem qualquer luxo editorial, estavam vinculadas às escolas da área urbana que concentrava imigrantes hispânicos. Ao lerem as sagas dos protagonistas aí descobertos, os alunos se identificavam com eles e se reconheciam numa cidadania à margem da cobertura da mídia central. Infelizmente, o projeto foi desativado na era Ronald Reagan de 1981-1989, por conta do corte de subsídios às políticas culturais.

Quando saí do jornal *O Estado de S. Paulo*, guardava na memória a inspiração nova-iorquina e pretendia desenvolver aquilo que em meu doutorado (1986) propunha como série – *São Paulo de Perfil*. Escrevi na parte assim intitulada da tese uma narrativa do bairro de Higienópolis, reunindo, segundo a proposta de *A arte de tecer o presente*, perfis dos protagonistas anônimos, contextualização social, raízes histórico-culturais e diagnósticos/prognósticos de especialistas sobre as mutações da megalópole paulista. Já havia retornado à USP e então decidi socializar a ideia com meus alunos. Nasceu o projeto de pesquisa nomeado na mesma tese de *Diálogo possível*. Assim a prática coletiva que ora descrevo se inicia em 1986 com a defesa do doutorado.

Passo a uma síntese dos graduais aprendizados da dialogia social e das narrativas polifônicas e polissêmicas presentes na série *São Paulo de Perfil*.

Primeiros passos

O grito da rua, metáfora da cidadania, vai à Constituinte e os jograis do povo levam a Brasília o *Virado à paulista*. No acidentado ano de 1987, em que os temas maiores da sociedade brasileira compareceм às pautas jornalísticas e aos debates públicos, poderiam passar despercebidos traços de personalidade das figuras públicas. Muitas vezes, no calor da discussão política, esquece-se que, por trás de determinadas decisões, está presente a mão do homem e seu histórico pessoal. É preciso então resgatar o significado das alavancas particulares, assim como analisar os grandes impulsos e contraimpulsos da História.

Uma das oportunas contribuições que o jornalista pode dar a seu tempo é tentar aprofundar perfis culturais, políticos ou sociais. Aí se encontram segredos, valores da natureza humana que, se não explicam, pelo menos enriquecem a compreensão dinâmica dos protagonistas do presente. *Virado à paulista*, livro inaugural da *Série São Paulo de Perfil*, reúne 17 constituintes de São Paulo, um documento de atualidade elaborado pelos estudantes de Jornalismo no primeiro semestre de 1987.

Também sob a inspiração do momento, a segunda pauta da série se propõe captar naquele momento a crise recorrente e fugidia que se espelha na rua. Cada instante, porém, revela uma nova metáfora. É preciso escutar as *Vozes da crise*. Um repórter busca, acima de tudo, compreender o que se passa à sua volta e, para isso, ouve o povo, colhe vivências e reflexões, junta dados e opiniões. A reportagem atende às ansiedades do homem comum e também às preocupações dos cientistas e líderes sociais, todos solidários no caos. Nessa edição, o imaginário da crise vem à tona com muita força, particularmente na narrativa visual dos desenhos de jovens e adultos analfabetos. A crise se desenha no traço de transporte, habitação, violência urbana, educação, figuras colhidas pela reportagem, uma delas na capa do livro. As histórias de anônimos trazem significados que transcendem a economia, como a saúde, a falta de amparo familiar ou o desamor.

Os autores, estudantes que decidem o tema, quiseram se deslocar para o Outro, sair da claustrofobia da sala de aula, dos centros acadêmicos e ir à rua observar os parceiros de faixa etária *Nos passos da rebeldia*. Em 1988, virou moda a nostalgia de 68. Como se não tivéssemos a própria rebelião jovem nos anos 60, ressuscitou-se, em primeiro plano, o Maio de 68 parisiense. O que se descobre, porém, é que os movimentos estudantis brasileiros começaram bem antes dessa data e que a guerra da Maria Antônia não aconteceu em maio. Em síntese, foi importante retomar os autênticos trilhos da revolução jovem local. O terceiro livro representa um documento único do imaginário dos jovens em 1968, 78 e 88, em meio à cobertura jornalística que apenas celebrava a França.

Nova era da agenda

Uma aluna de graduação, hoje doutora em Ciências Sociais, deu uma virada na escolha "oportunista" dos primeiros três temas. Elen Geraldes propôs um duplo fôlego para a série que à época se compunha de dois exemplares por ano: em um semestre, a aventura da migração que faz o rosto mestiço de São Paulo; em outro semestre, um problema que desafia o cotidiano de seus habitantes.

A viagem da migração acompanha *A aventura humana do real ao imaginário* (Greco, 1987). Um instante de decisão: partir para um mundo melhor. A metáfora do *Forró na garoa* situa São Paulo no centro da esperança. Os traços do Ocidente e do Oriente, do Norte e do Sul se fundem na face mestiça do perfil paulistano. E a marca fundamental vem da brasilidade que Caetano Veloso soube cantar na esquina da avenida Ipiranga com a São João. O sonho tecido no interior das Terras de Santa Cruz deságua na grande metrópole. Há quem diga que somos todos viajantes em direção ao futuro, ao fim do século, início de novos tempos. Se todos nos alimentamos de um porvir melhor, que dizer então dos nordestinos que chegam a São Paulo?

O exemplar seguinte ainda insiste nos movimentos migratórios: no chão paulista, as marcas de pés que atravessam fronteiras, mas permanecem *Hermanos aqui*. Uns vivem a eterna aventura dos novos mundos – o desafio e a conquista os atraem. Outros, movidos pela estratégia de sobrevivência, são compelidos a deixar a casa paterna. Há os que alimentam a fantasia da transitoriedade da Viagem: um dia, querem voltar à terra natal. Os exilados políticos foram forçados a procurar refúgio. *São Paulo de Perfil 5* surpreende este caleidoscópio humano. Na diversidade dos relatos de vida, uma costura invisível une repórteres e entrevistados. Aqui somos todos irmanados por uma só fertilidade: a afeição latino-americana.

O primeiro contexto selecionado para pesquisa, ultrapassando a aparência social e mergulhando na experiência intimista dos protagonistas da rua, está simbolizado debaixo do viaduto, no cortiço ou no conforto do apartamento. O tema da habitação cria a metáfora da *Casa imaginária*. A câmara curiosa e a observação sensível do jornalista passeiam no Minhocão, desviam o olhar para debaixo da ponte, espiam o mutirão de domingo, perseguem Pedro pedreiro, Pelé andarilho, locatário perdido. Por toda a parte os homens esperam terra, pedra e cal onde repousar o corpo. O teto nem importa tanto, porque o sonho ultrapassa as telhas e a goteira. A casa que todos desejam há de ser um estojo de seu imaginário. O símbolo máximo: no subsolo de um viaduto, os sem-teto decoram a casa com móveis, tapetes e quadros colhidos nos dejetos urbanos.

Retorna-se à aventura da viagem. A terra generosa, ou a *Pauliceia prometida*, revivifica a metáfora do paraíso perdido. O rosto paulista se multiplica em várias faces: é do corpo mestiço que se tece o perfil da cidade. Antes, um pequeno núcleo urbano, aquele para onde acorreram as primeiras vagas intensivas de judeus. Aconteceu no início do século 20 e este foi um dos contingentes migratórios que acompanhou muito de perto as mutações de São Paulo, metamorfose que mal se anunciava no Bom Retiro quando os judeus lá chegaram e aí elegeram a terra prometida. Nessa reportagem se apreende o movimento das gerações: a primeira, do povo pobre, do imigrante, passa pela luta quase escrava no mundo rural ou urbano; a segunda faz da educação a mola propulsora da ascensão à cidadania; a terceira se compõe majoritariamente de profissionais liberais. A promessa do mito do Eldorado é duramente conquistada.

Os espaços reveladores

Uma terceira vertente temática revive o piloto não publicado de minha tese de doutorado: bairros e espaços históricos ressignificam o perfil da cidade e do estado de São Paulo. O labirinto urbano tem seus pontos centrais de enlace, mas há vida nos extremos. Quem quiser perceber, ouça o cântico que se alevanta *À margem do Ipiranga*.

ATRAVESSAGEM

Ir ao encontro dos limites da cidade, para além da aventura – ocasionalmente perigosa –, provoca um batismo de fogo na identidade da megalópole. Não poderia essa experiência ser narrada em uma linguagem fria, tecnicamente asséptica. Os repórteres contam histórias de resistência, de heroísmo perante a tragédia da cidadania marginal ou *subcidadania* (Kovarick, 1991). O verdadeiro milagre da vida apesar de tudo – o *sevirol* da realidade brasileira – salta pujante na linguagem da emoção. Imagine-se que, na história que encerra o livro, "Nas brumas de Marsilac", o ponto extremo sul do município de São Paulo está a 40 quilômetros do Largo 13, zona que se considera a mais distante do "pescoção" ao sul da cidade. Foi para lá que foi o então estudante Marcelo Azevedo, hoje professor da Universidade Mackenzie, lá onde vivem paulistanos esquecidos, "que não têm farmácia, nem padaria, nem médico, nem polícia, nem orelhão. Marsilac que, quando descerem as próximas brumas da Serra do Mar, pode desaparecer para sempre".

O tema recorrente da educação não poderia passar despercebido no imaginário de quem teve o privilégio de chegar à USP. Os estudantes universitários criaram a metáfora do *outono na escola* para expressar o sentimento de frustração da primavera que se esvai, do verão que não chega. Em meio às estatísticas que traçam um perfil desanimador da educação, resiste, entretanto, no coração dos brasileiros, a fé no futuro, cujo fundamento é o acesso à escolarização. Sobretudo os pais de crianças deserdadas lutam com desespero para dar a seus filhos a possibilidade de cidadania. Mas a batalha é também dos professores e funcionários das instituições de ensino, principalmente as públicas, gratuitas. (*Nota da segunda década do século 21: o livro-reportagem* A escola no outono *foi escrito no século passado...*)

Como esquecer, na ancestralidade do perfil, aqueles que ocupavam o território pré-cabralino? Sem arte plumária ou pinturas no corpo nu, a saga do *Primeiro habitante* se faz presente no leito do asfalto urbano da contemporaneidade. No jogo de espelhos, desdobram-se suas histórias. *São Paulo de Perfil* chega à décima edição e evoca sua face esquecida, percorre os caminhos da grande cidade e da reserva para resgatar a alma e o corpo sofrido da cidadania adiada do índio. Mistérios da brasilidade construída nos séculos revelam, porém, que a identidade se afirma e se faz presente no anônimo porteiro de um condomínio de luxo do Morumbi. Fernando veio para São Paulo em 1989 e se uniu a seus parceiros pancararus na favela Real Parque. Quem conta essa história é Mauro Sérgio Scarabel, em

1992. Mais tarde, no início do século 21, Pedro Ortiz, ao pesquisar para sua tese os descendentes urbanos dos índios em São Paulo e em Santiago do Chile, encontrou nosso porteiro no interior de Pernambuco, sua terra de origem. Fernando deixou o emprego em São Paulo para liderar a comunidade pancararu na conquista da cidadania e da reafirmação da identidade histórica.

O universo dos comportamentos tem a face explícita, mas é no intimismo dos sujeitos coletivos que se colhem compreensões preciosas. Assim aconteceu com a pauta que se lançou ao instante que foge, o instante adiado, o instante da dor. As experiências humanas que se defrontam com a impotência têm um porto seguro na *Farra, alforria*. Ou seja, se descobriu, com a ajuda de psicólogos, que o ato lúdico é metáfora da bem-vinda loucura.

A alegria que resiste aos esquartejamentos da História aí está na rua, no bar, na brincadeira do carnaval, no faz de conta do sonho ou no mergulho do inconsciente. A reportagem dos momentos prazerosos começa pelo testemunho de um artista, Laerte, percorre os caminhos da infância, da adolescência e da idade da razão, para se concluir lá dentro dos muros da desrazão, com a arte do inconsciente em um hospício, uma narrativa contundente de Cecília van Harrevelt Costa e Paulo Amaral. Na aventura humana do cotidiano, cada pequena ou grande farra assina uma carta de alforria.

Na inscrição da viagem dos italianos para o Brasil, pode-se brincar com a palavra *Adeus*, metáfora de dupla via, duas grafias, dois significados: *Tchau Itália, ciao Brasil* – a identidade da partida e a adaptação da chegada. Partir sempre dói; as despedidas passam de mês, não há como conter o choro, o luto das perdas que pesa na base do peito. Depois vem a viagem, a travessia dos mares nunca dantes navegados ou, para os mais modernos, a noite das nuvens. Inicia-se então o projeto inaugural: ao chegar, o sol do Novo Mundo limpa os últimos vestígios da tristeza. Partir fica para trás e agora tudo vai começar. No horizonte, a cultura e a palavra mestiça.

Patrícia Jota Teixeira levou às últimas consequências sua narrativa – escreveu o texto ao lado do álbum de fotos guardadas, em portulano ou italianês. Seu protagonista, Angelo Luisi, dono de restaurante no bairro do Bexiga, levou uma separata da reportagem para o interior da Itália, onde promoveu um sarau com os velhos que lá ficaram após o êxodo dos jovens.

ATRAVESSAGEM

Um espanto na 13ª edição: os estudantes pós-modernos, engajados na era digital, escolheram, como tema da vivência contemporânea, a religião. A transcendência, a rua, levada ao infinito, reza pelas metáforas do *Guia das almas*.

No fundo, bem no fundo, a religiosidade carrega esse desejo dos inconformados com a História que lhes é dado viver. O grito dos desajustados toma forma de mito e mora na subjetividade humana apesar dos saques de todos os poderes constituídos, que querem se apropriar da esperança e transformá-la em discurso de manipulação ou vestir a linguagem mítica com o oportunismo dogmático. Nessa pesquisa inédita, os repórteres flagraram a diferença substantiva entre a linguagem da transcendência (religiosidade) e a Igreja, instituição sociológica constituída, exercendo o poder terreno. No trânsito da diversidade da fé, emerge o encantamento perante experiências que representam laços solidários dos sofreres cotidianos.

Há um profundo simbolismo na Viagem migratória. O ato dos que partem na *Nau dos desejos* invoca o futuro promissor na nova terra. Desta vez, os portugueses que aportam como trabalhadores no pós-independência do Brasil. Há permanentes surpresas, sustos diante dos horrores, dos desequilíbrios internos e externos. Reagir, dar a volta por cima, sacudir a poeira tem muito da vocação americana que ainda promete o Novo Mundo. Mas como omitir aquela semente à beira-mar plantada, essa alma portuguesa que se move para o futuro? Que se assuma a rica combinação da dupla persistência no sonho. No imaginário dos imigrantes, a reminiscência dos povoadores destituídos de bens e poder, cuja epopeia corre na contramão dos colonialistas ou dos emissários do rei. Dessa diferença, colhem-se histórias da inclusão à cidadania, muito semelhantes às dos demais imigrantes.

Por um segundo, que fuja a metáfora da viagem, das migrações, e se vá ao encontro do coração da metáfora local: *Vamos ao centro?* Mas para que haja centro, centrão (para muitos, sinônimo de cidade – *vamos à cidade*), é preciso história. O desvario da megalópole, as digitais do passado e, ao mesmo tempo, a celeridade pela constante modernização. A contemporaneidade do centro não se esgota no caos; desperta nos viajantes do final do século 20 tanto reminiscências da explosão quanto a inquieta aposta nas metamorfoses. A construção de novas camadas – São Paulo se reconstrói a cada 20 anos – e a perda dos espaços históricos não erradicam o afeto pelo espaço onde a vila se implantou. O imaginário do século 21 não apagará a memória do centro em que se travou a saga dos antepassados.

Da África ao Brasil, tempos seculares de sofrimento, e a luta chega às biografias contemporâneas impregnadas de muito *Axé*. É na dimensão do desconhecido e do que não se expressa em números que a reportagem toca, com a delicadeza do afeto, o rosto profundo da africanidade. Sua concretude se espelha no olhar ancestral que afirma: *sim, sou brasileiro*. E por espantoso que pareça, o presente palpável carrega consigo o dramático déficit da espoliação das origens. A África, quando visitada, acena para os repórteres da atualidade essa sutileza de trato: buscar, no cotidiano da rua, traços do herói mestiço e anônimo. Afinal, as histórias de vida têm tudo em comum com os demais brasileiros pobres ou aqueles que lutam pela dignidade cidadã.

Eis uma metáfora soterrada pelo cimento: *Tietê, mãe das águas* escorre suas lágrimas na cidade impermeabilizada. Todos os que mergulharam nas águas do Tietê receberam o batismo dos significados fundos: do novo olhar sobre o líquido sofrido entre as marginais da megalópole às fontes originais do rio, encontram-se cadáveres da sociedade de consumo, detritos da selva industrial ou bonecas abandonadas. Mas mesmo o ser humano deserdado que se alberga debaixo das pontes não joga ao rio os seus sonhos; ao contrário, funde nas águas o imaginário que o faz homem. Sonha poder navegar um dia em águas límpidas. Especialistas do resgate das águas poluídas também se empenham para que políticas públicas deem concretude ao imaginário.

A poderosa e recorrente metáfora do Novo Mundo se atualiza na *Viagem ao sol poente* da migração japonesa. Entre os muitos testemunhos humanos, alguns são narrados na tentativa ensaística de tocar o essencial. A força da família, do ritual à mesa; a assinatura da educação, da visão de mundo oriental; as digitais da arte, da iconografia de um alfabeto distinto; as marcas da cooperativa, da comunidade econômica; os significados coletivos da competição, do esporte; a transcendência da morte – eis um itinerário em que curiosos de outras origens ou descendentes diretos de japoneses foram levantar, no gesto delicado, o perfil do Outro. Mas o encantamento dessa narrativa explode no encontro, nas imagens que se cruzam no espelho. Cem anos de migração japonesa para o Brasil acentuam as marcas mestiças de São Paulo.

Por mais que se lute pela realização econômica, o instante se constrói na felicidade cotidiana. Estaria a sorte lançada? Ou ousar o voo imaginário do destino humano na eterna oscilação de *Bem viver, mal viver...*

ATRAVESSAGEM

No embate entre a péssima qualidade de vida e as pequenas conquistas de felicidade, *São Paulo de Perfil 19* ensaia compreender, na virada do século 20, a conflitante aventura da inconformidade. Quem sabe haverá mais segurança e tranquilidade para curtir a meia-noite e outra vez sonhar com paz, fartura e lazer nos tempos vindouros. Assim o desejam os traços desenhados pelas crianças que conduzirão o destino do século 21 nas últimas páginas desse livro.

Por que rejeitar a interioridade, a caipirice da experiência? Afinal esse reencontro pede passagem, com urgência, no *Mundão véio sem porteira*. A vigésima edição da série vai ao interior buscar sentidos que povoam o imaginário nacional. Dos viajantes de todos os séculos ficam sinais consagrados da costa brasileira. Aí se ergueram os primeiros núcleos do povoamento e colonização pós-Cabral, aí cresceram as metrópoles e, da ultrapassagem da primeira barreira – a Serra do Mar –, fermentou-se a mais inchada delas, São Paulo. Paralelamente às culturas caiçaras à beira-Atlântico plantadas – uma espécie de Extremo Ocidente –, outra grande aventura se deu no ventre continental do Brasil. As viagens para dentro, por rios e matas, estradas e rotas, não obedeceram ao mapa oficial, traçaram um itinerário cuja força cultural se expressa hoje no caminhoneiro que cruza o território ou no habitante de lugarejos que guarda, com afeto, a memória caipira.

A criança que nasce no fim do século 20 toma *Chá de bambu*, diz o saber popular, para crescer forte e alegre no século 21. Os autores das narrativas encontraram os conflitos contemporâneos no espaço simbólico da grande metrópole e apostam no futuro partilhado com crianças e adolescentes: lá no horizonte ameaçado, um sopro de energia, quem sabe um *chá de bambu* para que o novo tempo se fortaleça. Da vida encarcerada pela marginalidade à vida disciplinada pelos muros dos condomínios, os meninos têm pleno direito de imaginar o futuro e sua narrativa oral ou desenhada ultrapassa as cercas instituídas. Tal qual um viajante inquieto que não se deixa levar apenas pela linearidade jornalística, o grupo de autores ousou outro espaço, outro tempo. Lá onde reside o desejo de outra História, nessa circularidade da esperança, a infância do século 21 tece um mundo mais generoso.

A cada estação novas metáforas: as ruas revelam identidades, basta seguir os *Caminhos do metrô*. E, contudo, tudo fica diferente quando se vem à superfície. Ao desembarcar em determinada estação, lá está uma aldeia, uma tribo, outro século. O padrão de convivência das viagens se dilui e, ao subir as escadas (rolantes ou não), percebe-se o labirinto, o caos, a espantosa heterogeneidade dos aglomerados humanos. Essa diversidade cultural dos espaços de São Paulo desafia aqueles que adotam a referência do ideal moderno, na massificação de valores civilizatórios de sentido único. O que intriga os usuários do metrô que se permitem refletir sobre a experiência contemporânea é essa contradição entre o intimismo nos vagões e o expressionismo multifacetado das ruas à volta das estações.

Sair do quintal e visitar outros vizinhos. De repente, quinhentos anos da sesmaria ao bairro contemporâneo: uma tradição na fé coletiva. *Ó Freguesia, quantas histórias.* Logo se pressente um traço cultural que dá coesão à comunidade – o orgulho de renovar a identidade ancestral. Na Freguesia do Ó se condensam histórias da implantação dos povoadores no planalto paulista em busca do ouro, experimentando a cultura da cana e se lançando ao ciclo trágico da escravatura. Na história, a formação do núcleo cultural e religioso; 500 anos depois, problemas como violência urbana, infância desassistida, ameaças da especulação imobiliária, saúde, educação, desemprego. Ao leitor, um convite: venha visitar a Freguesia do Ó e divida com seus moradores as raízes e a firmeza do ser paulista, do ser brasileiro.

A dor e, acima de tudo, a escuta da dor são instantes inesquecíveis da *Saga do Espigão*. À comemoração dos 90 anos da Faculdade de Medicina da Universidade de São Paulo, que semeou o complexo de saúde do ponto mais alto da cidade de São Paulo, os autores somaram a sofrida aventura dos que ali procuram a cura e o consolo.

Os obstáculos sociais, econômicos, científicos, a doença e a dor ou a carência dos deserdados mobilizam, nesse volume, a resistência dos pacientes e o empenho dos profissionais da saúde. Cientistas, médicos, paramédicos e estudantes enfrentam as limitações, não se privam do espelho da crítica e lançam inquietudes no ensino e na prática da medicina. Cidadãos voluntários e assistentes sociais também partilham essa sempre dolorida peregrinação de anônimos no espaço sagrado do Espigão Paulista.

Uma volta a um tempo mágico em Paranapiacaba. O trem e a velocidade moderna que a locomotiva anuncia vêm aportar na vila e daí se irradiam os *Caminhos do café*. Hoje as locomotivas a céu nublado chamam para o esplendor econômico.

Silenciosas e ferrugentas, apenas lembram um passado de pioneirismo no vale da serra. As encostas, povoadas, abrigam outros murmúrios, os das casas históricas, dos moradores de fim de semana ou dos que chegam ao dormitório com a noite, para se recuperar do trabalho nas cidades à volta. O ABC dos santos (André, Bernardo, Caetano) e o D (Diadema) e cresceram graças aos trilhos dos trens ancestrais que exportaram o café e deixaram as máquinas históricas que venceram a Serra do Mar ali inertes, em Paranapiacaba. Há, porém, uma esperança na ferrugem: um dia, quem sabe, a vila se alimentará de um turismo encantado com a descoberta dos velhos caminhos por onde escoou a riqueza que deu pujança a São Paulo.

(Em tempo: o jornal Folha de S.Paulo, *na edição de 7 de setembro de 2013, anunciou que a vila de 1860 ganhava a verba de R$ 42 milhões do PAC – Programa de Aceleração do Crescimento –, referente a cidades históricas, a fim de recuperar o patrimônio de Paranapiacaba. A série* São Paulo de Perfil *ouviu os reclamos de seus habitantes dez anos antes.)*

O Éden do Oriente, metáfora da excelência do conhecimento científico, migrou para o outro extremo. Que o testemunhem a *USP Leste e seus vizinhos*. Na *Série São Paulo de Perfil*, as marcas identitárias ficam à mostra a partir do primeiro volume, *Virado à paulista*. O conjunto de edições, desde 1987, sempre se estendeu para fora da universidade. Como atravessar o ano da graça da implantação da USP Leste, 2003, sem ir ao encontro das sagas anônimas que dão sentido à região e darão personalidade cultural à instituição de ensino superior que ali crescerá? Alguns se angustiam com as dimensões desmesuradas das demandas brasileiras (as da Zona Leste, então, nem se fala). Será a USP capaz de atender aos apelos registrados nas vozes, nos gestos e nas faces dos festeiros no dia do lançamento da pedra fundamental? O enigma só se revela na caminhada e no encontro dos caminhantes. Pouco a pouco se saberá o que essa gente, que se postou com reclamos e prontidão perante o palanque das autoridades e dos discursos oficiais dos políticos, receberá de sua universidade. Coube à reportagem ir ao encontro da vizinhança para antecipar a escuta das histórias da Zona Leste e das demandas sociais de mais de quatro milhões de pessoas.

Em processo de edição, adiada por falta de apoio, encontra-se o 27º volume da *Série São Paulo de Perfil, Andanças*. A ação dos protagonistas sociais sempre se fez presente nas histórias do cotidiano, opção temática da coleção. E nesse livro são em boa parte explícitas, pois a agenda se concentrou nos transportes urbanos. Como a realidade é caótica – quem não o percebe nos deslocamentos necessários na megalópole? –, mais uma vez se confirma o valor da narrativa: do caos ao cosmo literário.

Há movimentos nesse cosmo que narram os deslocamentos. Espaço e tempo, concretude material e imaginário se conjugam no dia a dia. De carroça, helicóptero, ônibus, metrô, bicicleta ou a pé para além da luta dos usuários, se revelam atos libertários da imaginação criadora. Como a tribo paulistana dos *busólogos*, que ama de paixão os ônibus, sabe de toda a história das carrocerias, das empresas e dos heróis do asfalto. O poder da subjetividade se move tanto nas infovias quanto nos limites urbanos dos *shoppings centers*. A memória não aceita a presentificação do desastre ambiental e mantém viva a aventura dos barcos navegando no rio Tietê. Muito além da cidade, a viagem do mito traz aos impasses dos Sísifos contemporâneos, o desejo de outra História, outra Viagem, outros movimentos. (*Nota da segunda década do século 21: como esse tema da mobilidade urbana, principal reivindicação das manifestações de rua na cidade brasileira em junho de 2013, não encontrou apoio para a publicação na USP e na Escola de Comunicações e Artes alguns anos antes? Espanto para os autores e situação única para a série dos demais 26 títulos.*)

Os perfis itinerantes

A série de livros-reportagem que nasceu na Escola de Comunicações e Artes da USP já se transpôs para outras latitudes. Em 1998, dez anos após a implantação do projeto, em um curso que ofereci na pós-graduação da Universidade de Brasília, os estudantes, profissionais e pesquisadores de Comunicação Social escreveram as *Narrativas a céu aberto – Modos de ver e viver Brasília*. O livro, que já está em segunda edição, reúne textos cuja metodologia se soma à prática de São Paulo. "A capital que nasceu da terra", título de um dos textos, se torna humana no centro e nas cidades-satélite, porque o protagonismo anônimo dá sentidos ao traçado inaugural, se apropria do espaço e desliza sob o céu do planalto criando falas, experiências de vida, lembranças fundantes dos candangos, migrações amorosas. Fruímos, como leitores, a aventura do "homem que se move no planalto".

Nove anos depois, um grupo da comunidade de Mococa, no estado de São Paulo, içou as velas interioranas e, em uma oficina de *narrativas da contemporaneidade* que desenvolvi em um festival de inverno, produziu o livro *Mococa –Doces histórias*. Os autores, de jovens a idosos, deram voz aos personagens da cidade, teceram seu contexto social, histórico e cultural, ouviram especialistas que analisaram os desafios da cidade cujas raízes histórico-culturais ascendem ao tempo áureo do café e do leite. O encantamento dos autores aderiu de imediato ao imaginário da terra e seus heróis pícaros, gente da rua como Maria Vassourinha, o Palhaço Pipoca, a menina de tranças. "E que somos?", se pergunta em um dos textos. Aí está a síntese identitária que alimenta todos os livros coletivos, sejam escritos em São Paulo ou em Mococa.

No mesmo ano, *Narrativas de todos os santos* inaugura uma possível série que não prosseguiu, *Bahia de Perfil*, em um curso de especialização em nível de pós-gradação nas Faculdades Jorge Amado. Os autores de duas turmas, todos profissionais de comunicação, culminaram as oficinas de *narrativas da contemporaneidade* com a realização desse livro. Como em todas as edições, o lançamento foi uma festa em Salvador. Justo momento para o parto que não pressupõe apenas questões da técnica literária, mas o encontro com o Outro que, no fundo, mergulha no Eu. A operação sensível, ética e estética do *signo da relação* inspira a narrativa e ela nasce libertária, não atrelada a fórmulas de um catálogo preestabelecido. As histórias baianas desse volume se desenvolvem num roteiro criativo de quatro partes: *à chegada, paisagens, contextos e personagens*. (Observação à margem: escrevo sempre com os alunos das oficinas, um desafio e um prazer para mim. Então, no *Bahia de Perfil*, anotei *à chegada*: "Os autores de *Narrativas de todos os santos* acrescentaram, à visão turística, múltiplos olhares do habitante da terra. Cúmplices, percebem a condição humana em um cotidiano que alterna a luta pela sobrevivência e a paixão pelo paraíso tropical".)

Considero parceria inestimável todos os autores de trabalhos de conclusão de curso, na USP ou em outras universidades, que se debruçam na *arte de tecer o presente*. Alguns, tenho conhecido de perto, outros acontecem sem que participe das bancas. Não importa. O que realmente importa é a força de mais de 500 autores desses livros, na labuta de três décadas. Não seria possível citar cada um deles. Mas guardo na memória a originalidade desses alunos e colaboradores que criaram múltiplos narradores. É de sua contribuição que se pavimenta o projeto de pesquisa da dialogia social ou da metáfora da cidadania contemporânea. Muitos deles firmaram assinaturas nas mídias impressas, nas eletrônicas e na internet. Toda a vez que cruzo com suas atuais narrativas, lembro o perfil por inteiro, o símbolo estimulante da produção cultural eticamente solidária, tecnicamente competente e esteticamente criativa. Minha gratidão a todos. (Se pudesse, faria uma antologia só de textos tão marcadamente autorais que se espalham por todos os livros e no que ainda está inédito.)

Estudos acadêmicos da coleção

Para culminar, não poderia excluir outra dedicatória. Duas dissertações de mestrado *leram* dois flancos teóricos da *Série São Paulo de Perfil* (ambas defendidas), e uma tese de doutorado se valeu dos livros em seu trabalho empírico. Raúl Hernando Osorio Vargas, hoje professor doutor, veio da Colômbia nos anos 1990 para estudar as tendências da reportagem brasileira. Profissional experimentado, retornou à academia para se aperfeiçoar. Depois de várias sondagens, decidiu trabalhar com os jovens autores do *São Paulo de Perfil*. Filiado à literatura latino-americana, tendo convivido com as oficinas de Gabriel García Márquez, se dedicou à epistemologia e à narrativa da grande reportagem. Sua dissertação – *A reportagem literária no limiar do século XXI – O ato de reportar, os jovens narradores e o Projeto São Paulo de Perfil* – foi defendida na USP em 1998. Raúl Vargas valeu-se, em seu doutorado, da metodologia das histórias de vida e da história oral, dirigiu depois a Faculdade de Comunicação Social de Uberaba, Minas Gerais, e voltou em 2009 para a Colômbia, como professor concursado numa universidade pública de Medellín. Hoje é um parceiro da pesquisa em dialogia e nas narrativas da contemporaneidade, como o demonstra ao escrever um pós-escrito à minha reportagem sobre os *Gamines* de Bogotá.

Proveniente de Sergipe, o jornalista Alex Sander Alcântara defendeu, em setembro de 2009, o mestrado na USP, cuja dissertação leva por título: *Sentidos da Metrópole – Série São Paulo de Perfil na mediação do espaço público*. Uma pesquisa interdisciplinar que dilui fronteiras entre sociologia, antropologia, geografia e comunicação social, mas situa com punho firme o jornalismo na construção da cidadania. A mediação social do repórter, segundo o autor, se expressa no trânsito do espaço público. O estudo do caso *São Paulo de Perfil*, para ele, revela um itinerário cujo significado é flagrar a experiência coletiva nas aglomerações urbanas. Alex Alcântara elege, inclusive, uma antologia anexa de narrativas que representam a *arte de tecer o presente* no espaço público contemporâneo.

Katiuscia Lopes, paulistana agora residente em Cascavel, Paraná, defendeu sua tese de doutorado na Escola de Comunicações e Artes em 2010. O tema – a leitura e o leitor – também se valeu, no trabalho de campo, da *Série São Paulo de Perfil*. Katiuscia desenvolveu oficinas em bibliotecas públicas de São Paulo e os principais textos aplicados foram selecionados dos livros da coletânea. Essa metodologia retomou os primeiros anos da coleção, em que o projeto estava conveniado com a Secretaria do Estado de São Paulo e os alunos do ensino médio de escolas públicas liam os livros da série. Embora a tese não esteja circunscrita no âmbito dos estudos da recepção, traz subsídios muito valiosos para o projeto de pesquisa amplo – *Diálogo social ou Signo da relação*.

Referências bibliográficas

ALCÂNTARA, Alex Sander. *Sentidos da metrópole – Série São Paulo de Perfil na mediação do espaço público*. Dissertação (mestrado). São Paulo, ECA/USP, 2009.

BARROS, Ana Taís Martins Portanova. *Sob o nome de real – Imaginários no jornalismo e no cotidiano*. Porto Alegre: Armazém Digital, 2008.

BUBER, Martin. *Do diálogo e do dialógico*. São Paulo: Perspectiva, 1982.

GRECO, Milton. *A aventura humana do real ao imaginário*. 2. ed. São Paulo: Perspectiva, 1987.

HABERMAS, Jürgen.*Teoría de la acción comunicativa I e II*. Buenos Aires: Taurus, 1989

KOVARICK, Lúcio. "Periferias e subcidadania". In: MEDINA, Cremilda (org.). *À margem do Ipiranga*. São Paulo: ECA/USP, 1991, p. 13-23.

MEDINA, Cremilda. *Modo de ser, mo'dizer*. Tese (doutorado). São Paulo, ECA/USP, 1986.

_____. "Jornalismo e a epistemologia da complexidade". In: MEDINA, Cremilda (org.). *Novo pacto da ciência, anais de A crise dos paradigmas, 1º Seminário transdisciplinar*. São Paulo, ECA/USP, 1991, p. 193-205.

_____. (org.). *Narrativas a céu aberto – Modos de ver e viver Brasília*. Brasília: Editora da UnB, 1998.

_____. *A arte de tecer o presente – Narrativa e cotidiano*. São Paulo: Summus, 2003.

_____. *O signo da relação – Comunicação e pedagogia dos afetos*. São Paulo: Summus, 2006.

_____(org.). *Narrativas de todos os santos, Bahia de Perfil*. Salvador: Faculdades Jorge Amado, 2007a.

_____ (org.). *Mococa – Doces histórias*. São Paulo: Estação USP/CCS/USP, 2007b.

_____. *Entrevista – O diálogo possível*. 5. ed. São Paulo: Ática, 2008a.

_____. *Ciência e jornalismo – Da herança positivista ao diálogo dos afetos*. São Paulo: Summus, 2008b.

MEDINA, Cremilda; MEDINA, Sinval. (orgs.). *Energia, meio ambiente e comunicação social. Novo pacto da ciência 10*. São Paulo, Universidade Fernando Pessoa e Faculdade Cásper Líbero, 2009.

VARGAS, Raúl Hernando Osorio. *A reportagem literária no limiar do século XXI – O ato de reportar, os jovens narradores e o Projeto São Paulo de Perfil*. Dissertação (mestrado em Comunicação). São Paulo, ECA/USP, 1998.

Série São Paulo de Perfil

Virado à paulista, ECA/USP, 1987.

Vozes da crise, ECA/USP, 1987.

Nos passos da rebeldia, ECA/USP, 1988.

Forró na garoa, ECA/USP, 1989.

Hermanos aqui, ECA/USP, 1989.

A casa imaginária, ECA/USP, 1989.

Pauliceia prometida, ECA/USP, 1990.

À margem do Ipiranga, ECA/USP, 1990.

A escola no outono, ECA/USP, 1991.

O primeiro habitante, ECA/USP, 1991.

Farra, alforria, ECA/USP, 1992.

Tchau Itália, ciao Brasil, ECA/USP, 1993.

Guia das almas, ECA/USP, 1993.

Nau dos desejos, ECA/USP, 1994.

Vamos ao centro, ECA/USP, 1994.

Tietê, mãe das águas, ECA/USP, 1995.

ATRAVESSAGEM

Axé, ECA/USP, 1996.

Bem viver, mas viver, ECA/USP, 1996.

Mundão veio sem porteira, ECA/USP, 1997.

Chá de bambu, ECA/USP, 1998.

Cotidianos do metrô, ECA/USP, 1999

Ó Freguesia, quantas histórias, ECA/USP, 2000.

Viagem ao sol poente, ECA/USP, 2001.

Sagas do Espigão – 90 anos de medicina e vida, ECA/USP, 2002.

Caminho do café. Paranapiacaba: museu esquecido, ECA/USP, 2003.

USP Leste e seus vizinhos, ECA/USP, 2004.

Reflexos III:
Jogo de contradições

Em 1998, no sexto volume da série *Novo Pacto da Ciência*, coletânea de ensaios que discutem a passagem do século 20 para o novo século, incluí uma reportagem de minha autoria, propondo no *Planeta inquieto* o confronto entre meio ambiente, equipamentos urbanos, em particular centros comerciais, e patrimônio histórico. Nesse conflito, atores sociais organizados, cidadãos anônimos, políticos, empresários da expansão imobiliária, historiadores e agentes das políticas públicas foram mobilizados na narrativa que apresento aqui.

O esforço cultural da pauta percorria os caminhos da complexidade, no caso, a construção de um grande shopping center em espaço antes voltado para preservação de natureza e construções representativas da história de São Paulo. A tônica não recaía na questão exclusivamente econômica nem no peso dos poderes políticos constituídos, nem no imaginário passadista ou nos diagnósticos mais enfurecidos dos que zelam pela resistência cultural. A busca de significados em curso nesse empreendimento que seria inaugurado no ano seguinte, o Shopping Anália Franco, a leste do centro de São Paulo, recaía, sim, no *jogo de contradições*.

De 1999 até 2013, quando recupero este texto, a expansão dos centros comerciais, que se iniciou com o Iguatemi em 1966, atingiu números que atestam uma oferta espalhada por bairros de grandes cidades e com unidades também no interior do país. Em reportagem de Clara Roman, publicada na *Folha de S.Paulo* em 9 de junho de 2013, anuncia-se um recorde de inaugurações nesse ano. Novos centros em 41 cidades brasileiras atestariam a hipótese crítica da autora, de que a oferta ultrapassará a demanda. O viés político-econômico endereça a denúncia para o dinheiro fácil do Banco Nacional de Desenvolvimento Econômico e Social (BNDES), da Bolsa e dos fundos que financiam a euforia dos empresários. Ao que os mais convictos, como Marcos Tadeu Marques, gerente de expansão da Riachuelo, respondem, no término da matéria da *Folha*: "Não vi nenhum shopping sucumbir. Não deu tempo. Mas eles estão mais dispostos ao risco".

Quanto ao Anália Franco que percorri no ano anterior à inauguração, o sucesso parece ter se firmado em meio ao entorno que o incorporou. A informação empresarial se orgulha de 402 lojas, 43 opções de alimentação, nove salas de cinema, o lazer para crianças e adultos ao calendário de eventos. Da mesma forma a empresa que o implantou, a Multiplan, exibe na internet 37 anos de história, shoppings espalhados por Rio, São Paulo, Minas, Rio Grande do Sul, Paraná, Distrito Federal, um milhão e meio de metros quadrados construídos, 164 milhões de consumidores por ano em 698.685 metros quadrados.

Por curiosidade, consultei as matérias da grande imprensa indexadas pela Multiplan nos seus registros (hoje presentes na internet) e os relatos dão conta da descrição dos dados econômicos da expansão física e do consumo nos centros comerciais. O tom crítico à política empresarial não aparece. Por isso me chamou a atenção a reportagem de Clara Roman, intitulada "Excesso de shoppings cria risco de bolha". Em 19 de agosto, outro jornal, *O Estado de S. Paulo*, cobre a vertente *online* dessa expansão com o tônus eufórico dos varejistas diante da internet brasileira. Não há, no entanto, na atual cobertura, o que caracterizaria o *jogo de contradições*, quando se ensaia, na reportagem, a pluralidade de vozes e sentidos, a observação-experiência e, em última instância, a possível interpretação do fato contemporâneo.

Quem tem medo dos prazeres virtuais?

> Texto publicado em 1998, no livro *Planeta inquieto – Direito ao século 21*, na série *Novo Pacto da Ciência 6*

Ao entrar na região dos Jardins, o Éden da Zona Leste de São Paulo, o morador ou visitante encontrará, em pouco mais de um ano, surpresas do século 21. Caminhará ao longo da Nova Canaã, no Jardim Anália Franco, entrará no gigantesco shopping center que ocupa 160 mil metros quadrados de área construída e, lá dentro, certamente descobrirá um paraíso do lazer – o parque GameWorks. Crianças, adolescentes, adultos ansiosos por se distraírem e esquecerem as preocupações da vida moderna vão se entregar aos prazeres eletrônicos. Todos os tipos de jogadores serão convidados a desfrutar das novidades virtuais que povoam o mundo das telas.

Quem anuncia este revolucionário Éden na selva de cimento da Zona Leste é o Grupo Multiplan, um dos maiores investidores em shopping centers tanto no Brasil quanto em outros países. Em parceria com a Sega GameWorks, *joint venture* entre a DreamWorks, de Spielberg e Bill Gates, a Universal Studios e a Sega, a Multiplan explora no Brasil a tecnologia de ponta do transistor ao ultramoderno Pentium pouco tempo depois do primeiro parque a utilizá-la, em Seattle (março de 1997). A associação entre os gigantes multinacionais prevê US$ 400 milhões para a implantação de 20 supercentros de lazer nos próximos dez anos, a começar pelo Barra Shopping do Rio e a continuar com o do Jardim Anália Franco e outros espaços nacionais como o do Cristal em Porto Alegre.

Os atrativos são de tal forma expressivos que a expectativa de faturamento em cada parque é de 15 milhões de dólares por ano, com um movimento também anual de cerca de um milhão de pessoas. Para os críticos da esquerda, que sempre viram com maus olhos a manipulação das massas pela indústria da cultura, a virtualização do prazer por meio destas tecnologias é um prato cheio.

A Multiplan faz questão de informar que a GameWorks brasileira foi toda desenvolvida pela matriz norte-americana e que os funcionários terão treinamento nos Estados Unidos para oferecer serviços qualificados ao consumidor tupiniquim. Dos *teens* da periferia de São Paulo aos curiosos de qualquer região da cidade, todos os amantes das novidades irão correr aos jardins desmatados da Zona Leste para curtir o lazer sob a direção de Spielberg e a liderança de Jon Snoody (ex-executivo da Disney Imagineering), orquestrando o desenho dos talentos norte-americanos.

As seduções do consumo, muito bem instaladas em megaespaços comerciais, pressupõem problemas no uso do solo. Ou se faz necessária a política de desapropriação de um segmento social já instalado no local onde se constroem shoppings, ou estes empreendimentos avançam em escassas manchas verdes que resistem bravamente nas cidades contemporâneas. Este é o caso da Zona Leste: ao se visualizar a área em mapa aéreo, a Vila Formosa aparece como uma inacreditável mancha de cimento e, lá no seu coração, hoje constituindo um símbolo para a publicidade imobiliária, os Jardins (em particular, o Jardim Anália Franco, que abrigará o shopping), onde emergem as novas torres de cimento da Canaã. O centro comercial está em fase acelerada de construção, com inauguração prevista para 1998. Neste momento, o megamercado Carrefour já funciona, com acesso pela rua Nova Canaã, uma recente via aberta na mata para dar acesso ao Shopping Anália Franco da Zona Leste.

Embora se possa ver em uma fotografia aérea que este complexo imobiliário está tomando gradualmente a única reserva verde de um solo já impermeabilizado pelas edificações, nada como pisar no próprio chão do Jardim para constatar que em pouco tempo não sobrará quase nada daquele escasso oxigênio. O Shopping Center Jardim Anália, com suas 316 lojas, 1 quilômetro de vitrines, 12 esteiras, 16 escadas rolantes, 3.300 vagas de estacionamento, 11 mil metros quadrados para a alimentação e o lazer, promete a melhor qualidade de vida intramuros de uma área de São Paulo que luta desesperadamente pela sobrevivência das pracinhas e de suas agônicas árvores. Em pouco tempo, se observará dos elevadores panorâmicos do shopping a bela vista das torres de 30 andares na área do outro lado de Nova Canaã, sem falar nos demais prédios que estão verticalizando a paisagem dos Jardins, por enquanto verdes.

Ainda sem elevador panorâmico, do espaço aberto ao público do Carrefour enxerga-se a antiga mansão cercada de árvores que lembram uma bem cultivada chácara de quando Vila Formosa estava muito longe do largo do Café. Ao se chegar ao portão, o mistério imobiliário aguça a curiosidade de qualquer fantasia detetivesca: um enferrujado cadeado no portão isola o curioso de uma alameda sombreada que dá acesso a um casarão completamente abandonado. Ao lado da entrada, uma placa antiga identifica a propriedade: Associação Feminina Beneficente e Instrutiva Lar Anália Franco. Depois de deparar com a situação soturna, o visitante encontra um porteiro que, solicitado a dar informações, mostra-se totalmente alheio aos acontecimentos, um nordestino com poucos dias naquele emprego. Só sabe que a propriedade acaba de ser vendida, não há mais ninguém na casa, exceto uma senhora e um senhor. Diante da insistência, dispõe-se a subir a bucólica alameda, demora uns minutos, volta e abre o cadeado do portão. O mensageiro traz do casarão a autorização para liberar a visita aos jardins do Éden da Zona Leste.

Irene Rodrigues, ex-interna do antigo orfanato, cresceu no Lar, que, segundo ela, foi uma doação dos remotos proprietários a uma associação espírita. Reticente, conta que terminou casando com um administrador da casa e hoje está organizando os últimos papéis para a desocupação. A mansão, muito deteriorada, será utilizada por um novo e misterioso proprietário que a reformará e, ainda segundo os secretos indícios de Irene, ali funcionará uma faculdade privada. Sem entrar em maiores detalhes, confirma que a propriedade será também ocupada por edifícios à volta, pois os *outdoors* das construtoras já anunciam as vendas. Do outro lado da rua, num plano mais alto do terreno do shopping do Jardim Anália Franco avista-se, atrás do casarão, escondida pelos jardins e por árvores frondosas, outra construção, bem mais antiga. Irene se prontifica a indicar os caminhos externos para conhecer o tesouro histórico de Vila Formosa: de repente se descobre a sede da fazenda do Regente Feijó. A última ocupante da propriedade, que foi vendida rapidamente, esclarece que se trata de uma casa tombada e, portanto, preservada como patrimônio histórico e cultural do país.

Terá o futuro imobiliário de São Paulo respeito pelo seu passado? Uma especulação que não tem garantias nem mesmo das instituições que administram, no presente, o uso do solo. A Regional Aricanduva/Vila Formosa foi desdobrada da

Regional de Itaquera em 1994, para dar conta dos complexos problemas da Prefeitura de São Paulo numa área menor, pretensamente administrável (15 quilômetros quadrados, 320 mil habitantes). Mas o engenheiro Antônio Massola Tavares, velho e apaixonado morador da Zona Leste, supervisor de uso e ocupação de solo da Regional de Aricanduva/Vila Formosa, não se mostra otimista quanto às regulamentações por que é responsável. Ao apontar para a fotografia aérea que ocupa uma das paredes da sala de reuniões de uma modesta regional de São Paulo, chama a atenção para a mancha verde onde está sendo erguido o novo shopping, confessa-se impotente em negociações que prenunciam o rápido avanço do cimento sobre o solo permeável. O álibi de uma regional com apenas três anos serve para justificar a desinformação do técnico. No entanto, uma coisa ele afirma sem qualquer autocensura: a área da casa do Regente Feijó tem sido desdobrada continuamente e esse processo remonta aos anos 1960. (Nessa época, o mato da região atraía piqueniques familiares como os das alunas do Colégio Santa Marcelina, lembrança muito viva da historiadora Ana Luísa Martins, que trabalha no Conselho de Defesa do Patrimônio Histórico, Arqueológico, Artístico e Turístico – Condephaat.)

Angustiado com o uso do solo, Antônio Tavares, que nasceu, cresceu e se profissionalizou para trabalhar preferencialmente no seu torrão natal, diz com todas as letras que não há saídas numa cidade como São Paulo. Para ele, o verão é um martírio. A espera das enchentes transforma num inferno a vida de um engenheiro da prefeitura, seja qual for o prefeito ou partido no governo. A impermeabilização do solo é incontrolável e, na visão apocalíptica do supervisor, São Paulo se defrontará com o paradoxo do século 21: uma cidade submersa e com falta de água. A metáfora não está longe do que se constata tanto na visão aérea quanto no contato vivo com a impermeabilização do rio Aricanduva nos últimos dez anos. A descentralização das regionais atende a essas emergências, mas o engenheiro que trabalha em Vila Formosa, diariamente exposto ao corpo a corpo com comerciantes, moradores, empresários, se sente absolutamente impotente diante do formigueiro da construção que opera de maneira clandestina. Da noite para o dia surge um puxado, o proprietário faz um quarto na sua casa, ocupa o restinho de quintal que ainda existia. Como controlar essa expansão urbana?

Antônio Tavares vê na verticalização de Tatuapé, Aricanduva, Vila Formosa, na área hoje vendida como privilegiada, um mal menor. Pelo menos, reforça o técnico, esse solo é vendido e construído às claras. (Faltou acrescentar que a densidade das moradias verticais e a exploração de grandes áreas comerciais trazem outras vantagens para a arrecadação das prefeituras.) Perante a mancha verde em extinção no Jardim Anália Franco e, em particular, perante a propriedade que ainda abriga o casarão contíguo à casa tombada do Regente Feijó, o engenheiro não tem nenhum freio: aquilo tudo tende a desaparecer. Ele só não arrisca um prognóstico em relação ao patrimônio histórico. Apressa-se a esclarecer que as construtoras envolvidas com esse grande empreendimento em torno do shopping respeitarão contratualmente o tombamento. Quanto ao casarão que pertenceu à associação espírita, certamente será destruído, que faculdade, que nada. Os mistérios de Irene Rodrigues quanto à universidade são desmentidos pelo engenheiro da regional. Segundo ele, no lugar da frondosa mansão que poderia abrigar um museu ou outra instituição cultural serão imediatamente construídas, na palavra precisa do supervisor de ocupação e uso do solo, 30 torres de 20 andares (com vista panorâmica para o shopping). Os olhos que saírem do chão ou das telas dos jogos eletrônicos enxergarão uma restrita mancha verde: de um lado, a velha casa do Regente Feijó – será visível, já que estará atrás das torres? – e, em outra lateral, o Centro Educativo, Recreativo e Esportivo do Trabalhador (Ceret), um parque que o estado de São Paulo comprou em um primeiro desdobramento da área. Enquanto a regional Aricanduva/Vila Formosa se orgulha das 116 pracinhas do bairro (de tão minúsculas, nem se percebem na vista aérea), o megaespaço comercial promove 160 mil metros quadrados de superfície construída e um conjunto de prédios que brotam como cogumelos cinzentos nos Jardins outrora verdes.

Saudosismo dos tempos em que a fazenda do Regente Feijó era uma inspiração bucólica e muito provavelmente um espaço de economia rural relativamente próximo ao centro financeiro do ciclo do café na São Paulo do século 19? Ou simplesmente contradições do século 20 que desnudam terríveis impasses para os administradores do século 21?

Se a imaginação do futurista voa no sentido oposto e vai aos autos da História, encontra mais perplexidades. O processo 20.701, aberto em 1978 no Condephaat, guarda uma curiosa memória da casa do Regente Feijó na Zona Leste de São Paulo. Constante do Inventário Geral dos Bens Culturais Paulistanos, ocupa um lugar privilegiado como testemunho dos "mais significativos da segunda metade do século passado, época de transição da São Paulo de feição colonial para a metrópole contemporânea". A casa do Sítio do Capão, depois Sítio do Paraíso, e o engenho de taipa, "com seus acessórios toscos de madeira e inovadores de metal, assim como os materiais e perfil distintos da parada ferroviária do Brás, ilustram diferentes setores de uma economia que iniciava a sua notável expansão". O processo que encaminha o tombamento, iniciativa do Departamento de Patrimônio Histórico da Prefeitura de São Paulo em 1978, fundamenta, nas palavras do diretor Murilo Marx, a preservação da casa do Regente Feijó com argumentos incisivos: "A grande área livre da propriedade é rara nesta capital e única naquele bairro populoso, tomando-se uma perspectiva de recreio para a comunidade a ser considerada no futuro".

José Geraldo Nogueira Moutinho, secretário executivo do Condephaat, intelectual sensível às questões de patrimônio artístico e histórico, recebeu a documentação da prefeitura e iniciou uma investigação que remeteu a *mancha cultural* da Zona Leste para a História do Brasil. Padre Diogo Antônio Feijó, nascido em 1784 (segundo certidão da Sé de São Paulo), levou uma vida austera do ponto de vista pessoal, mas engajada no primeiro plano político. Constitucionalista, adere à revolução de 1820 e já em 1821 é eleito deputado pela província de São Paulo. Passa a atuar também nas cortes portuguesas vocalizando os direitos do Brasil e, no fluxo natural das coisas políticas, após a Independência, assume a liderança como deputado da Assembleia Geral na Província. Em 1927 cria um atrito com a Igreja romana, quando formula um projeto que pretendia a abolição do celibato clerical. Mas o cenário político brasileiro o atraía mais do que as questões religiosas e matrimoniais. Ministro da Justiça após os tumultos da abdicação de dom Pedro I, já em 1835 presta juramento no Senado como regente. Ao mesmo tempo, é eleito bispo de Mariana, mas nunca ocupa o cargo. Ao sair da regência em 1837, volta a São Paulo e busca a serenidade no retiro do Sítio Capão Grande (que adquirira quando senador). Este foi seu único bem. Ao morrer, em 1843, deixou-o à única herdeira, dona Maria Justina de Camargo e, por morte desta, o sítio passaria a dona Margarida, filha de dona Manuela Francisca de Jesus Feijó, irmã do regente.

Esse fragmento da história da casa do Regente Feijó seria suficiente num país que guarda sua memória para sacralizar o espaço onde o padre (e bispo) brasileiro elevou suas orações a Deus para exorcizar amarguras e desagravos dos primeiros vagidos constitucionais brasileiros. No entanto, a casa tem mais história. Até onde se pode ir, em 1698 o casal Pedro Aguirra e Catharina Lemos, herdeiros de João Ramalho, se instalaram no Sítio Capão do Tatuapé Acima, uma grande área que assim permaneceria até 1800. Começam então os desdobramentos e a especulação que rapidamente inflaciona as transações. Três capões pequenos e o Capão Grande de Mato Grosso são vendidos por 25 mil réis, em 1800, por sinal a um vigário, André Baruel, que quebra a cadeia de descendentes de João Ramalho. Quando Feijó comprou as terras, já foi de um capitão. Como o regente andava desgostoso com os reveses da carreira política, mudou o nome de seu retiro verde para Sítio do Paraíso. Mas, em 1840, lá andaria apertado nas finanças particulares ou simplesmente quis especular, e vendeu a Francisco Leandart grande parte do sítio por 4 mil réis, fiados em quatro anos, um conto de réis por ano. Como o comprador não conseguiu pagar o alto preço das terras, o sítio voltou à herdeira de Feijó, que não resistiu à tentação imobiliária e o vendeu dois anos após a morte do regente por 8 mil réis. Assim estava descrito o Sítio do Paraíso: *casa de morada com sótão, senzala, casa para fábrica de chá, terras para plantação e postos*. A saga das vendas prossegue e, em 1886, o valor atinge 25 mil réis, em 1901-1903, 100 mil e, em 1911, a então chamada Chácara do Paraíso, com 75 alqueires de terras, é arrematada pela Associação Feminina Beneficente e Instrutiva, que aproveita a senzala para um abrigo de menores. Só em 1935 a associação constrói um casarão para trazer os órfãos e desprotegidos da senzala para as novas instalações do Lar Anália Franco.

No processo do Condephaat, a *via crucis* do Paraíso perdido e desmembrado recebe o seguinte parecer técnico no fim dos anos 1970: "O conjunto dessas terras sofre há algumas décadas a ação judicial de alguns grupos, entre os quais grileiros que disputam ainda na atualidade a posse dos terrenos". Pode-se imaginar o acidentado percurso do tombamento da casa do regente Feijó nestas circunstâncias. O Colegiado aprovou o tombamento em 1980, o secretário de Cultura do Estado (Ruy Ohtake) assinou, mas em seguida a Associação Beneficente Anália Franco contestou o processo e fez de tudo para impedir que aquele espaço dentro de valiosas terras da Zona Leste não ficasse com uma casa histórica ali encravada. Depois de idas e vindas, o conceito de patrimônio público se sobrepôs aos interesses imobiliários e Aziz Nacib Ab'Saber, presidente do Condephaat, bateu pé pela homologação do tombamento em março de 1983. Em agosto do ano seguinte, o secretário de Cultura do Estado de São Paulo, Jorge da Cunha Lima, sela a sorte da Casa do Regente Feijó, o ex-Sítio do Paraíso, ou Sítio do Capão, ou, mais remotamente, no século 17, Sítio Capão do Tatuapé Acima.

Em dezembro de 1994, dez anos após o tombamento, a casa voltou a cartaz em um esforço isolado da vereadora Aldaíza Sposati, do Partido dos Trabalhadores (PT), que encaminhou ao Condephaat uma solicitação para que se investigassem agressões ao patrimônio histórico e artístico do estado na atual região da Nova Canaã. O último registro do processo data de janeiro de 1995 e o Condephaat promete vistoriar a casa do Regente Feijó. Dois anos e meio depois, quem visita os Jardins verifica que a concepção de lazer proposta em 1978, no processo de preservação da área verde da Zona Leste, mudou substancialmente para solo construído e árvores derrubadas. Piqueniques da década de 1960 serão substituídos por Gameworks, avançado consumo do lazer, bem como megashopping centers ou o lazer do consumo. Em 20 anos, "a perspectiva de recreio para a comunidade a ser considerada no futuro" mudou de área verde para jogos eletrônicos e vitrinas de moda.

Consultores de *marketing* ensaiam entender os comportamentos humanos e diagnosticam tendências. Por outro lado, equipes de pesquisa estudam essas mesmas tendências não para orientar investimentos, mas para oferecer subsídios às políticas públicas quanto aos riscos da saúde humana. No caso em questão – um megashopping na Zona Leste de São Paulo –, algumas perplexidades inquietam os analistas. Por exemplo: enquanto os grupos de alto poder aquisitivo retomam a loja personalizada e não se mostram receptivos aos megamercados e a seus imensos e sempre congestionados estacionamentos, os empreendedores como a Multiplan anunciam investimentos gigantescos em São Paulo, Rio, Porto Alegre, sem falar nos já explorados, como o de Cascais, em Portugal. Esta tendência contemporânea de volta aos espaços mais aconchegantes é definida por um consultor de *marketing* português, Luís Oliveira. Ele já conheceu o mundo como navegador contemporâneo da Sogrape, empresa vinícola que conseguiu exportar o vinho Mateus Rosé para todas as latitudes do planeta. Hoje, estabelecido na cidade do Porto, dá consultaria a grandes empresas europeias e pesquisa novas tendências de mercado. Luís Oliveira analisa o comportamento de pequenos espaços de comercialização como um resgate da convivência mais personalizada. No próprio país do consultor, contudo, a Multiplan experimentou em Cascais, arredores luxuosos de Lisboa, sua monumental investida em shoppings, na contramão das tendências vanguardistas do Norte. Quando foi inaugurado, em 1991, previa um movimento de 30 mil consumidores por dia, com um faturamento mensal em tomo de 25 milhões de dólares por mês.

Já então, o CascaiShopping oferecia aos portugueses uma curiosa *Divertilândia*, em que uma das principais atrações dos brinquedos eletrônicos era uma exótica reprodução das selvas com macacos animados para dançar samba (digamos, entre parênteses, que de gosto duvidoso). Outros sinais brasileiros ali presentes são a confeitaria Amor aos Pedaços e as confecções Pakalolo e Viva Vida. Naturalmente a criançada (que, em Portugal, recebe o para nós bastante estranho batismo de *canalhada*) encontrou, no mundo virtual da eletrônica, outras atrações além dos macacos dançando samba. Talvez seja por isso que pesquisadores norte-americanos estejam muito preocupados com os resultados recentes de seus estudos. Ao que tudo indica, a criança usuária do universo dos Gameworks trabalha o seu corpo 30 horas por semana e adquire doenças do trabalho por se aprisionar à fantasia eletrônica. Outra perplexidade que não envolve apenas pais e educadores, mas provoca a preocupação de todos os que se responsabilizam pelos comportamentos psicossociais do futuro. Volta o dilema entre a pracinha e o shopping center. A criança que tem uma oferta variada de lazer, naturalmente será multimídia e, ao mesmo tempo, tão apaixonada por um piquenique no meio das árvores quanto seus avós. A criança carente de oferta variada tende a se tornar usuária obsessiva dos sedutores brinquedos eletrônicos. E o shopping center contemporâneo se encarrega de organizar e concentrar a fantasia tecnológica.

Desafios e impasses que não impedem o avanço dos empreendimentos lucrativos. Os ganhos são cuidadosamente mapeados, não de acordo com uma maquiavélica oferta do capital, mas acima de tudo por meio da escuta sutil das demandas. Se não, como entender que, na Zona Leste, uma região de baixo poder aquisitivo, a Multiplan invista num shopping center de ponta? No estudo de localização do projeto Jardim Anália Franco, realizado em 1996 pela Companhia Brasileira de Pesquisa e Análise (CBPA), contratada pela Multiplan, o total de domicílios na área primária, secundária e terciária, conforme a proximidade do shopping, perfaz 322.995 unidades e uma população de 1.162.562 habitantes potenciais para consumo. A análise de crescimento da região leva em conta progressão acompanhada de 1991 a 1998 e com projeção razoavelmente precisa para o ano 2000. O poder aquisitivo médio de Vila Formosa, Tatuapé, Carrão, Água Rasa, Belém, Vila Matilde, São Lucas, Sapopemba, Mooca, Pari, Vila Guilherme, Vila Maria e Penha se apoia em dois indicadores: de imediato, a renda média mensal de R$ 1.256,00 e, em segundo plano, o dado de que 61% dos habitantes possuem carro. Em 1995, o Brasil, apesar dos baixos indicadores de renda, já ocupava o quinto lugar no *ranking* mundial de shopping centers, ficando atrás dos Estados Unidos, do Canadá, da França e da Inglaterra. De lá para cá outro fator pesou, o Plano Real e a queda da inflação. O negócio se expande numa escala proporcional ao consumo emergente de alimentos, eletrodomésticos e vestuário, bem como da indústria do lazer, sobretudo o eletrônico.

Não é, pois, por acaso que o Grupo Multiplan, depois de investir no Morumbi Shopping de São Paulo ou no Barra Golden Green – um condomínio de luxo na Barra da Tijuca, no Rio –, ou ainda em outros conjuntos residenciais como II Villagio de Miami, volta-se para consumidores de renda bem mais baixa, como os da Zona Leste paulistana. A periferia se tornou atrativa diante da grande e fiel massa de compradores que gastam suas sobras de orçamentos controlados pela estabilidade da moeda em produtos que não se caracterizam pela sofisticação dos tempos aristocráticos dos centros comercias. De qualquer forma, as vitrines continuam oferecendo a velha magia aos novos consumidores. O Shopping Center Continental e o Center Norte, pioneiros em São Paulo nessa política de consumo voltada para zonas periféricas, já provaram que a escolha deu certo. Em dados de 1996, o Continental teria pulado de 3 milhões de dólares por mês, em 1995, para 5 milhões. Enquanto isso, os mais sofisticados não apresentam o mesmo crescimento, embora as grifes consumidas pelos segmentos de alto poder aquisitivo representem um movimento financeiro superior ao dos shoppings mais populares.

Mas como os marquetólogos não dão ponto sem nó, anuncia-se um reposicionamento dos centros comerciais no mercado. Parece que chegou a vez dos megaespaços mais populares, à medida que os consumidores sofisticados procuram o intimismo dos espaços personalizados. E quem experimenta essa dialética é o grupo multinacional que investe na Zona Leste de São Paulo. José Isaac Peres, presidente da Multiplan, 56 anos, carioca, economista, se orgulha dos êxitos de *marketing*. Distribui uma ficha de negócios de causar inveja a qualquer *self made man* contemporâneo: diretor-presidente de 26 empresas, 350 projetos, entre diversos empreendimentos e obras incorporadas ou promovidas sob sua orientação, uma área construída de mais de 3,7 milhões de metros quadrados que correspondem a mais de 25 mil unidades comercializadas. O grupo, que saiu do chão carioca para a construção de um edifício na década de 1960, hoje exibe no seu portfólio empreendimentos em Miami, Portugal, plataforma de lançamento para a União Europeia, a começar pelo vizinho ibérico, a Espanha. Antes de se expandir além-fronteiras, assumiu com tudo o território pátrio, não esquecendo em nenhum momento a América Latina.

Cláudio Nabih Sallum, superintendente do Morumbi Shopping, em São Paulo, fala como executivo experimentado da Multiplan: "Isaac Peres criou uma marca de grandes shoppings, porque soube compreender o imaginário brasileiro muito disponível para a festa, a fantasia". Segundo ele, com recursos humanos reduzidos, criou-se um *know-how* para grandes shoppings. Enquanto os Estados Unidos ensaiavam esse novo espaço comercial nos anos 1950, em pouco mais de dez anos o Brasil se lançava com sucesso total no show do *fantasia center*. A grande sacada do empreendimento Multiplan foi a de perseguir a vocação urbana do festival. Sallum, paulista, engenheiro e advogado pela USP, conta que, em encontros internacionais, o modelo brasileiro de shopping é hoje uma referência. Há um ano e meio, nos Estados Unidos, na descrição dos shoppings como espaços de entretenimento, o Brasil representa metade dos *fantasia centers*. Ninguém vai ao shopping para se divertir como o consumidor brasileiro. Por isso, investir nesses empreendimentos como o da Zona Leste na capital paulista ou no bairro do Cristal na capital gaúcha é um grande negócio no fim do século.

Mas o poder de fogo da Multiplan já se consolidara com o elenco de empresas que formam o grupo, entre elas, a Empresa Brasileira de Planejamento (Embraplan), de 1975; a Multishopping Empreendimentos Imobiliários, pioneira na introdução de grandes fundos de pensão como investidores institucionais na área de shoppings centers; a Corretores Autônomos Associados (CAA); a Rede Nacional de Shoppings Centers (Renasce), de 1982, especializada na administração de centros comerciais; a Divertplan Comércio e Indústria, que trata do lazer; a GD Empreendimentos Imobiliários, associada ao Bozzano, Simonsen e Anglo America, responsável pela idealização e construção do Barra Golden Green no Rio; a Worldinvest, estabelecida em Montevidéu e tratando de negócios no exterior; o Centro de Diagnóstico por Imagem (CDI), criado em 1994 para prestar serviços a clínicas como as dos Centro Médico BarraShopping; a Sweetplan, detentora da *master franchising* inglesa Sweet Factory para a América do Sul; a MB Bowling, *joint venture* entre o Grupo Multiplan e a Brunswick Bowling & Billlards, criada em 1993 para trazer ao Brasil a tecnologia de ponta da maior empresa mundial na fabricação e exploração de centros de boliche, que agora entra no negócio milionário dos jogos eletrônicos com a Sega Gameworks. Estão previstos, nos próximos dez anos, 20 centros de entretenimento de alta tecnologia em todo o Brasil.

Segundo o executivo da Multiplan, a interpretação emocional do varejo nacional foi sempre o diferencial de Peres. Cláudio Sallum considera seu guru um obsessivo pela promoção. Não admite um shopping sem festa, entretenimento, muita luz, alegria. Recentemente achou que o centro comercial de Belo Horizonte precisava de uma agitada, mandou comprar bacalhau no atacado e oferecer o peixe a preços mais baratos, num festival que em tudo lembra a velha estratégia de Chacrinha (*vocês querem bacalhau?*) nos anos 1970. Pelo jeito o empresário não tem medo de qualquer breguice, desde que renda um consumo festivo ou, na sua concepção, a interpretação comercial da emoção brasileira. Neste momento, o tino promocional parece tatear os segmentos emergentes. Há uma transferência de voracidade de consumo, segundo as pesquisas da Multiplan, para os espaços como o da Zona Leste em São Paulo. Sallum, nas modestas instalações da superintendência do shopping no Morumbi, nada que lembre uma grande empresa, reconhece o produto simbólico que a Multiplan vende: o ícone de status. Num ambiente *brega* – o escritório do que seria uma diretoria de São Paulo, onde estão 60% dos consumidores brasileiros – planeja-se o grande negócio, ou seja, vender as ilusões da aristocracia das grifes para as classes sociais periféricas.

Para implantar esses festivais do consumo-fantasia, há sempre obstáculos muito concretos. São os do solo criado, do solo loteado, do solo grilado. Cláudio Sallum quase não para em São Paulo. Em três semanas de tentativas de encontro com o executivo da Multiplan, quase sempre estava viajando para o Rio ou para

Porto Alegre. O shopping do Cristal tem provocado dores de cabeça proporcionais ao investimento e às expectativas de competição do grupo entre os gaúchos. Muito próximos da Prefeitura de Porto Alegre, que admiram pela administração petista, os executivos da Multiplan estão certos de que os conflitos de desapropriação estão sendo insuflados pelas lutas partidárias no Rio Grande do Sul. O fato, denunciado em São Paulo pelo *Jornal da Tarde*, envolve uma negociação complicada entre Multiplan, prefeitura, moradores do Cristal e outro ilustre proprietário, o Jockey Clube de Porto Alegre. A questão pegou fogo porque os humildes moradores se sentiram muito prejudicados nas indenizações da desapropriação em confronto com a parte do leão, no caso, o Jockey. Sallum diz que isso tudo é pura especulação política e que todos os espaços urbanos negociados para implantação dos megashoppings trazem esse tipo de desgaste.

A esperteza para lidar com tais obstáculos é o que não falta aos empreendedores. Isaac Peres e seus executivos trabalham no domínio da interpretação emocional do varejo, ou melhor, sabem trabalhar com todos os meios, discutíveis ou não, no âmbito do atacado dos solos. Sallum não omite a informação: foram necessários dez anos para regularizar as terras do Jardim Anália Franco, cuja ocupação não obedeceu ao testamento do Regente Feijó. As construtoras que desenham a verticalidade da Nova Canaã, parceiras da Multiplan no megafestival da fantasia, em grande parte cresceram na região ocupando e desmatando a última mancha verde da Zona Leste. A denúncia da vereadora Aldaiza Sposati (PT), em 1994, pedindo providências ao Condephaat para investigar agressões ao patrimônio público no Sítio do Paraíso ficou esquecida perante o poder de fogo dos transformistas da superfície do Éden do cimento. Em Porto Alegre, a prefeitura, também do PT, é citada como aliança do progresso pela Multiplan, que está desapropriando moradores do Cristal para reverter um bairro em megafantasia. Ironias do destino capitalista ou contradições dos partidos políticos?

Impávido colosso em meio às intempéries, o Grupo Multiplan anuncia investimentos da ordem de 400 milhões de dólares no lazer concentrado dentro dos shoppings, e quem poderá contrapor alternativas às criancinhas que ficarão obsessivamente diante das telas e das monótonas e ensurdecedoras sonoplastias? Quem proporá medidas preventivas para evitar problemas de visão ou de postura corporal? As políticas públicas? Os empobrecidos e frágeis educadores ou os pais que sequer resistem ao tempo excessivo diante da televisão, em casa, ou aos apelos para comprar fichas nos cassinos infantojuvenis dos jogos eletrônicos?

Perguntas sem resposta no campo das especulações simbólicas. Já os dilemas do uso do solo se revelam no realismo da área construída, e os supervisores das prefeituras abanam a cabeça e cínica ou desesperadamente confessam: como controlar a impermeabilização das cidades modernas? Como regular, por meio de políticas públicas e pesando as prioridades sociais, a desapropriação de quem está domiciliado ou a destruição de um pulmão urbano? Não tem saída, diz o engenheiro da Zona Leste. Interessante que o megaempresário dos megashoppings se declarou sensível à natureza em entrevistas à imprensa; provavelmente são as contradições intimistas de um perfil de êxito como o de José Isaac Peres, cujo *hobby* nos fins de semana é a pesca oceânica.

Se a porosidade da terra anda ameaçada pelo negócio que dirige, a paixão pelo mar e o Rio à sua beira são fidelidades ancestrais para aquele que o *Jornal do Brasil* intitulou como o *empresário com toque de Midas*. A sua biografia, pelo menos aquela que está liberada para uso público, tece uma narrativa de herói que se salvou das *tempestades econômicas e naufrágios políticos* das últimas décadas no Brasil. Ao contrário das vítimas da distribuição de renda no país, o grande concentrador de espaços comerciais diz hoje, do alto de sua obra – considera-se o pai dos shoppings brasileiros –, que a vida é uma grande aventura e que se você não participa dela, não vive (*Jornal do Brasil*, 9 de agosto de 1992). Formado em Economia na antiga Faculdade Nacional, em 1963, tornou-se corretor de imóveis, já que não contava com posses de família. Ainda nesse mesmo ano, se lançou à aventura empresarial que atravessaria todos os obstáculos da ditadura militar que se instaurou no Brasil no ano seguinte. Numa sala da rua México, no Rio de Janeiro, abriu seu escritório de corretagem. Peres, filho de um imigrante libanês que chegou ao Brasil com 15 anos e de mãe paraense, imediatamente empreendeu um negócio imobiliário, mesmo sem nenhum capital, segundo conta com incontido orgulho. Comprou um terreno, construiu um edifício e foi quitando suas dívidas com a venda dos apartamentos. Estava lançada a sorte com *um toque de Midas*.

O empreendimento da rua do Resende foi construído em 90 dias e vendido – 187 apartamentos – em duas semanas. O primeiro negócio que, à partida, deu lucro, favoreceu o novo investimento, a Veplan Imobiliária. Nunca mais parou de crescer. Associou-se a dois profissionais do ramo, Benjamin Kminítz, pai da namorada Maria Helena, com quem está casado até hoje, e Sérgio Dourado. A progressão da aventura empresarial está apoiada, segundo Peres, em três *bês* – bom, bonito e barato. Mas a fórmula tem sido reforçada por estratégias de *marketing* que criaram escola, como os estandes de venda na frente das construções que, antes desse recurso, se resumiam a rústicos tapumes. Também a invenção das veplanetes, as meninas que distribuem folhetos imobiliários nas esquinas movimentadas, deram-lhe a fama de marquetólogo. O empresário Roberto Medina afirma com convicção que o *marketing* imobiliário tem uma grande dívida para com o diretor-presidente da Multiplan.

Em outro perfil do empresário, desta vez na *Gazeta Mercantil*, cuja ênfase recai nos aspectos econômicos, o foco fica por conta de sucessos em terras estrangeiras, como o prédio residencial Il Villagio, de frente para o mar em South Beach, Miami. Peres exibe um novo recorde em 1995, quase três décadas depois do marco inaugural da aventura imobiliária: 80 dos 127 apartamentos, de um empreendimento de 85 milhões de dólares, foram vendidos antes do início da construção. Uma das metas, além da América do Norte, é o investimento maciço na América do Sul, tendo o Mercosul como cenário base. Do outro lado do mar que tanto atrai José Isaac Peres, a Multiplan lançou âncoras firmes. O CascaiShopping inaugurou a expansão internacional, em 1991, e o laboratório em território português tem tudo para testar não só a Península Ibérica como os difíceis e escassos solos para além dos Pirineus. Em Portugal, a parceria com o grupo Sonae somou, em partes iguais, recursos da ordem de 70 milhões de dólares. Como contas em terras estrangeiras às vezes adquirem maior transparência, divulgou-se que 85% desse montante foram financiados por um *pool* de bancos (Caixa Geral de Depósitos e Banco Totta & Açores, de Portugal, Crédit Lyonnais e Banco do Brasil). Assim, feitas as continhas por financistas e noves fora dos leigos, os riscos deste negócio que é o ponto de partida da Multiplan para a investida na Espanha e posteriormente no resto da Europa não custam assim tão caro aos cofres privados do grupo empresarial.

Já Cláudio Nabib Sallum, linha auxiliar do *Midas* nacional, acha que os imaginosos construtores do *festival center* devem abandonar, na Europa, o investimento no cimento, e só vender tecnologia. Afinal, os empreendedores locais já aprenderam a construir shoppings de assinatura americana, como é o caso do sócio português da Multiplan, o grupo Sonae. Agora, empresar a interpretação simbólica do lazer em shopping centers, isso sim é o futuro para a exportação brasileira para as latitudes mais frias. Mesmo porque, acentua Sallum, a construção de shoppings propriamente dita está longe de se esgotar nos trópicos locais.

Esperteza para negócios não é exclusividade do *pater familias* José Isaac Peres. Sua mulher, Maria Helena, não quis cultivar o alto *status* doméstico, manteve seus brios feministas e, depois de criar os filhos, decidiu entrar na Multiplan como executiva. Hoje está à frente da Sweetplan, *master* franquia para a América Latina, espalhando balas e gostosuras multicoloridas da rede inglesa da Sweet Factory. Eduardo, 25 anos, o filho mais velho de Peres, estudante de Administração, comanda a Divertplan e também atua na Sweetplan. Certamente fã das fantasias de Spielberg, deve estar encantado com a possibilidade de atrair multidões às áreas de lazer dos shoppings sonhados e realizados por seu pai.

Quando, a 8 de abril de 1997, o Grupo Multiplan, em parceria com a empresa Anália Franco Comércio e Desenvolvimento Imobiliário, lançou o primeiro shopping center de São Paulo que terá o parque temático Gameworks com mais de 200 jogos virtuais em ambiente futurista e decoração dos anos 50 (será o bom, bonito e barato?), é de se perguntar, em meio a inúmeras dúvidas: quem se responsabiliza pelo uso e ocupação do solo real para vender o virtual? Ao que tudo indica, a Zona Leste de São Paulo já está servida de centros comerciais, de comércio de rua e de artérias comerciais, sem falar das estratégias de sobrevivência dos camelôs. Mas quem resiste à oferta das novas tecnologias do lazer? O que se está vendendo nos Jardins desmatados de Vila Formosa é a Terra Prometida dos prazeres eletrônicos, domésticos como um micro-ondas ou imaginários como os Gameworks. Quem viver passará na rua Nova Canaã e entrará no Éden pós-moderno da Zona Leste e, de um elevador panorâmico, avistará os automóveis e prédios do progresso.

Reflexões III: Memória da travessia[6]

A retórica da mudança, dos novos projetos, da modernização incide, no caso da comunicação social, quase sempre nos suportes tecnológicos. No Brasil, na América Latina, não nos tocou a inquietude – máquinas podem pensar/sentir como homens? Não, as diferenças entre a mente humana e a de um robô inteligente ficam por conta de cientistas do chamado Primeiro Mundo. Contudo, Melvin Konner, antropólogo norte-americano, entre outros, está profundamente envolvido com este desafio e formula uma resposta para a questão: somos inúteis?

Responde com ênfase a essa pergunta: naturalmente não o somos. É a intersecção dos cenários que nos torna humanos – o minúsculo canto onde as motivações dos animais se sobrepõem à racionalidade mecânica. É a disputa interior entre a dor do desejo sexual e o pensamento da consequência fundamental que produz o lamento do amante; a elevação do temor animal acima do entrelaçamento do símbolo que torna possível o conforto do ritual; o borbulhar da consciência de nossa mortalidade mediante a experiência sensual diária que dá origem ao senso absolutamente humano de beleza. (Do artigo recolhido na Revista Diálogo, nº 2, v. 21, 1988, p. 12.)

Esta, porém, não é a instigação que nos perturba. Queremos, sim, equipamentos, máquinas de última geração. O novidadeiro das neopatias que nos contaminam muitas vezes tranca na dependência econômica. A entrega ao consumo desvairado das tecnologias reduz as humanas aptidões para decidir a vida que escorre. Enquanto Melvin Konner incorpora a plena competência da mente humana e re-

---

[6]. Eu havia reunido ensaios que davam suporte à prática dialógica da Coleção São Paulo de Perfil, iniciada em 1987, com os alunos de graduação da Escola de Comunicações e Artes da Universidade de São Paulo (ECA/USP), para compor um livro, curiosamente denominado *Reflexos e reflexões*, que ficou inédito. Dele apenas recupero o texto que se segue.

mete o computador ao papel de simulador (porque não deterá o saber de um ciclo completo da vida humana, da dor do parto à dor da morte), prefere-se atrofiar a inteligência natural, investir tudo na inteligência artificial.

Que se faça, pois, a pausa necessária. Se andamos por aí com mentes atrofiadas ou subaproveitadas, é preciso refletir sobre nossa empobrecida cosmovisão. O sapiens se modifica ao longo da História nas formas e nos instrumentos de apreensão do mundo. A inteligência artificial está sendo constituída com base em informações que provêm desse processo. No terreno das hipóteses, pode-se imaginar uma situação absurda: no futuro, os robôs terão mentes complexas, enquanto a maioria dos operadores humanos encarará a realidade com lentes simplificadoras. E então perceber que robôs são símiles de cérebros com virtualidades complexas, enquanto os naturais atuam condicionados a cosmovisões ingênuas, simplistas, ideologicamente formatadas.

O jornalista, mediador-autor das narrativas da contemporaneidade, é socialmente responsabilizado pela cosmovisão com que intervém no cotidiano da informação de atualidade. Mas do conceito de profissão ética, técnica e estética responsável à prática dominante vai uma grande diferença, se forem observados os processos cognoscitivos. Não aqueles em que as máquinas ajudam a coletar informações, mas aqueles que exigem nexos de significação, articulação de significados atribuídos aos dados brutos, à informação esparsa ou fragmentada. Nos anos 1970, eu diria *a arte de tecer o presente*.

A inteligência natural, alimentada pela captação viva e mecânica de informações objetivas, porque visíveis e quantificáveis, produz significados, o que se denomina de produção simbólica. Ou seja, o autor de uma narrativa da contemporaneidade recodifica o real imediato. Ao trabalhar na decifração-cifração do real, o jornalista (ou o comunicador) se expressa no âmbito de sua cosmovisão. Como já anotei em *Notícia, um produto à venda,* não se ignora que o caldo cultural macro envolve a personalidade individual do autor. Nesse momento em que a teoria acentuava os fatores político-econômicos da indústria cultural, vista, em geral, por fora pela sociologia, eu refletia, nesse mesmo livro, sobre as contradições internas da construção da narrativa jornalística.

Ao me remeter ao jogo de forças que atuam sobre a produção simbólica, matizei a notícia não como um simples produto material da industrialização. Um produto cultural envolve especial tessitura. O pensamento complexo sobre a comunicação social do belga Jean Lohisse me fez trabalhar com a concepção das forças lidertípicas, osmotípicas e arquetípicas. Na dinâmica das culturas e das identidades, ao longo da História, sempre se deu um conflito de fronteiras, interações e exclusões. O poder de ação, seja por meio da força bélica, seja por meio da força político-econômica, seja por meio da força simbólica do conhecimento, tenta se impor às particularidades, às diversidades e às criações individuais. Pode-se chamar esse vetor *de lidertípico*, hoje presente na globalização econômica e na globalização cultural.

Mas na contraposição de tal vetor há sempre uma luta explícita do saber e do poder locais de cada cultura, cujas digitais estão impressas nas identidades. Nessa verdadeira guerra, há culturas que desaparecem e há culturas que, em atos de resistência, injetam, nas culturas dominantes, transformações, o que demonstra que ocorreu uma osmose. Das forças osmotípicas surgem valores, comportamentos e manifestações artísticas que atestam acima de tudo a troca entre identidades fronteiriças e espaços globais, como o da internet na atualidade, ou o das recorrentes migrações da humanidade.

Acrescente-se a esse complexo e contraditório conflito cultural o imaginário povoado por mitos universais. Uma boa definição de mito, nesse caso, é a de que a narrativa mítica recupera o desejo de outra História, a história das utopias. Assim enfrentam-se as durezas do cotidiano, transformando a realidade em sonhos *arquetípicos*. Na arte como nas religiosidades ou nas culinárias, os mitos são constantemente atualizados pela história e pela cultura, resistem às modernizações e aos modismos *lidertípicos*.

Seja na teoria, seja na prática profissional, também ocorre a sedução dos *lidertipos*, como no caso do fascínio tecnológico. Mas a perturbação que atravessa vários campos do saber científico, da arte e das sabedorias ancestrais felizmente introduz a dúvida, a interrogação, o mal-estar e a utopia na consciência humana. Da física à antropologia, da biologia à sociologia, da química à medicina, da história à educação e, criando pontes entre todas as áreas de conhecimento, da comunicação, por meio da inter e transdisciplinaridade, colhem-se subsídios e alarmes perante a atrofia da inteligência natural. Apóstolos da complexidade como Edgar Morin fertilizam a oficina do autor-criador no lugar do técnico e atenuam os efeitos da atrofia da mente dogmatizada pela máquina e pelas regras de manuais reducionistas. Uma longa história que só se inicia no momento em que se abandona a visão de tudo explicar e julgar para atravessar o deserto da presunção e ensaiar compreender as tramas sutis da realidade humana.

Uma longa história dos processos cognitivos provoca a travessia da concepção de mundo ingênua ou ideologicamente dogmática para a compreensão dinâmica e sutil do que se passa à nossa volta e de como se gera a produção de sentidos na mente humana. O antropólogo Waldemar De Gregori e o sociólogo Milton Greco, ao estudarem as relações sociais, decifraram, na pesquisa de campo, a complexidade triádica, um passo além do determinismo monádico ou das dicotomias entre polos de situação e oposição. Para De Gregori, uma força oscilante complica a trama de poder dos grupos sociais, entendida na díade situação-oposição. Na reflexão teórica extraída da observação em periferias urbanas e comunidades de base na América Latina dos anos 1960 aos anos 1970, se constituiu o que os pesquisadores denominaram Cibernética Social. A variável do grupo oscilante – maioria nos conflitos e decisões – introduz encaminhamentos complexos e não deterministas no jogo de poder explícito entre situação e oposição.

De Gregori e Greco estudaram nos grupos sociais a força dinâmica e contraditória dos oscilantes. Já na trilha decifradora da rede de forças que atua na produção simbólica no jornalismo, na especulação que empreendemos – Paulo Roberto Leandro e eu – ao escrever *A arte de tecer o presente*, em 1973, nos encontramos com a teoria da interpretação e confluências teóricas em Paul Ricoeur, Marx, Freud e Nietzsche. A interpretação que decorre da decifração do real também colhe subsídios na obra de Edgar Morin, *Para sair do século XX*, publicada em 1986 no Brasil. Mas, retornando a Waldemar De Gregori e Milton Greco, é muito oportuna a síntese que oferecem para a mudança de mentalidade da simplificação explicativa para a complexidade compreensiva. Se essa transmutação de noções cognoscitivas provém de ciências sociais, a sua adequação à autoria jornalística é total quando se trata de escrever as narrativas da contemporaneidade. Assim, De Gregori enumera seis noções mutantes que questionam os conceitos estratificados na decifração do real:

1. Da noção de causa e efeito, passamos à noção de intercausalidade;

2. Da noção de sujeito e objeto, passamos à noção de sujeitos intercondicionantes;
3. Da noção de universo sólido, passamos à noção de universo poroso, como um enxame, um redemoinho;
4. Da noção de massa destrutível ou massa indestrutível, passamos à noção de que a massa está em transformação;
5. Da noção de substância e acidente, passamos à noção de relação complexa;
6. Da noção de que existe o ser da matéria e existe sua atividade, passamos à noção de que o ser da matéria e sua atividade não podem ser separados – constituem aspectos diferentes da mesma realidade.

Milton Greco publicou em 1987 a segunda edição do livro *A aventura humana entre o real e o imaginário*, e aí acrescentou um sétimo item para a operação cognoscitiva: não nos serve mais a noção de certo e errado, pois os dados de realidade não estão assim hierarquizados. A noção que nos ajuda é a de coerência, de encaixe e sustentação no todo.

Se ensaiarmos analisar a concepção que sustenta determinado artigo, notícia, reportagem, editorial ou crítica no jornalismo, na generalidade dos casos – raras as exceções –, a operação cognoscitiva se fecha em conceitos que não conscientizaram a crise de paradigmas da nova física e de outras ciências. Um campo muito afeto à comunicação, a linguística, pode ser citado como exemplo. Profissionais de raciocínio monádico falam, sem conhecimento das ciências da linguagem, de regras gramaticais com absoluto domínio do código linguístico. Como se uma narrativa dos fatos contemporâneos coubesse na correção da norma culta ou da língua oficial. Bem fazem os escritores que incluem em sua ficção a fala viva do povo representado nos seus personagens.

Os laboratórios de epistemologia podem trabalhar com as atrofias mentais, e justamente as técnicas ortodoxas da produção jornalística são temas prioritários. A fórmula de pirâmide invertida e a arbitrária (autoritária) seleção de fatos mais importantes e menos importantes; o esquematismo do lide sumário, abertura de narrativa jornalística que responde à fórmula quem, o quê, quando, como, por quê?; a entrevista pergunta-resposta que colhe apenas informações do mundo das ideias; o narrador de terceira pessoa que se traveste de imparcialidade e objetividade. Eis então um laboratório de vida inteira, pois a herança técnica está aprisionada numa visão de mundo emperrada nessas e em outras fórmulas. A abertura a noções plásticas no rumo das descobertas sobre o cérebro humano compensa vitalmente a autoria criativa. A produção simbólica que daí decorre por certo se diferenciará da produção da inteligência artificial, comandada por fórmulas mecânicas.

Com a palavra o antropólogo Melvin Konner:

Os computadores poderiam simular – até mesmo, talvez, experimentar este trágico sentido da vida? Simular, possivelmente. Mas, para experimentá-lo, eles teriam que participar de um ciclo completo da vida humana. Teriam de nascer, crescer, entregar-se a alguma espécie de vida familiar, enfrentar as exigências da maturidade, reproduzir-se, envelhecer e, especialmente, estar cônscios da perspectiva de sua morte. Para não mencionar a obrigação de experimentar as dores e os sofrimentos, os arrepios e os suores, o fluxo hormonal, os apuros da fadiga, a perda neurônica e os outros 900 e tantos choques naturais de que a carne é herdeira. Como diz Sherry Turkle, "um ser que não nasce de uma mãe, que não sente a vulnerabilidade da infância, um ser que não conhece a sexualidade nem prevê a morte, este ser é estranho".

Novas manifestações, velhos paradigmas[7]

A 15 de julho de 2013, dois artigos publicados na imprensa paulista retomaram a análise já em curso das manifestações de rua que se iniciaram a pleno vigor em 6 de junho nas cidades brasileiras. Um dia antes, um domingo, dia 14 de julho, colhi o terceiro texto que reúno de imediato na presente reflexão. "Extremamente alto e incrivelmente perto – Manifestações são grandes e intuitivas demais para uma apreensão racional", artigo de Carlos Ayres Brito publicado no caderno *Ilustríssima* da *Folha de S.Paulo*, contrasta, no próprio título, com os dois outros do dia seguinte: "O marciano, o Brasil e Aristóteles", de Denis Lerrer Rosenfield, em *O Estado de S. Paulo*, e "Armadilhas para Dilma", de Maria Sylvia Carvalho Franco, na *Folha*. Filósofo, socióloga e jurista leem o acontecimento contemporâneo de pontos de vista distintos, o que se poderia saudar como pluralidade polifônica e polissêmica, não fosse o contraste entre paradigmas que esquematizam conceitualmente a realidade sociocultural e noções inquietas que interrogam o acontecer humano.

O filósofo gaúcho da Universidade Federal do Rio Grande do Sul (UFRGS), frequente colaborador do *Estadão*, vale-se de uma metáfora – o marciano que visita a Grécia clássica e, em um pulo do tempo imaginário, visita também as ruas brasileiras da atualidade –, mas cedo abandona o espanto do alienígena para se refugiar na lógica aristotélica e defender um diagnóstico fechado. Rosenfield analisa então o movimento que pretendia mobilizar o país para uma greve geral (na quinta-feira, 11 de julho) e, diante da redução de manifestações lideradas pelos partidos e sindicatos de esquerda, abandona o lúdico olhar do marciano e se fecha nos enquadramentos conceituais da *autonomia* das multidões de mani-

---

7. Este ensaio atualiza a reflexão dos anos 1980 e foi escrito em julho de 2013, no calor das manifestações de rua da sociedade civil brasileira.

festantes anteriores à greve geral e da *heteronomia* dos movimentos "controlados pelos aparatos partidários e burocráticos de uso corrente na esquerda", segundo essa reflexão, com o objetivo de aniquilar manifestações independentes da sociedade civil. E por aí segue o tom crítico do autor até, na última frase, reenlaçar o tom metafórico de moralidade assertiva: "Nosso amigo marciano, por sua vez, confuso, preferiu voltar ao seu planeta. Pelo menos lá reinam a coerência e a racionalidade".

Racionalidade também exposta pela filósofa/socióloga paulista Maria Sylvia Carvalho Franco. Coerência, nem tanto, já que a articulista persegue não o caminho de um marciano, mas o raciocínio em várias trilhas do factual político contemporâneo. Ora se volta para raízes históricas (embora sua área de origem seja a sociologia) e busca nas origens do capitalismo práticas liberais que legitimaram a escravidão; ora desliza para o absolutismo português e sua herança "no controle arbitrário e economia espoliativa"; ora fala à presidente, companheira de gênero, para lembrá-la de que, "distraída" desses fatos, "caiu em ciladas, algumas embutidas em sua própria ideologia". Depois de discorrer enumerando precisamente tais ciladas, nelas inclui os manifestantes, que, segundo Maria Sylvia, representam uma "nebulosa apolítica". Ou, de forma mais segura para a razão analítica da autora, "uma versão requentada da secular ideologia liberal", o fortalecimento do indivíduo gerado na internet. A partir daí fica difícil seguir o diagnóstico/prognóstico do artigo, porque a argumentação perde o prumo e não se sabe se, afinal, a comentarista se põe ou não ao lado dos indivíduos manifestantes e da tecnologia contemporânea, já que sua conclusão exprime opinião não coerente sobre a racionalidade dos conceitos afirmados: "Como todas as técnicas, ela é meio para ações cujo sentido define-se por seus atores e por seus fins".

Reconhecendo o desafio racional desses dois intelectuais, fico com a transparência intuitiva de Carlos Ayres Brito. E não é de agora, pois, quando membro e presidente do Supremo Tribunal de Justiça já o havia notado em pronunciamentos históricos, como na votação do uso científico das células embrionárias, que inclusive cito no livro *Ciência e jornalismo – Da herança positivista ao diálogo dos afetos* (2008, p. 40-6). Nessa ocasião, como em outras ações contundentes em que atuou antes de se aposentar, o voto espelhava rigor informativo racional, conjugado à intuição criativa e à consciência ética. Um jurista-poeta ou uma sensibilidade solidária colada à abstração das ideias. Mas voltemos às manifestações de rua, aquelas que para Ayres Brito são "grandes e intuitivas demais para uma apreensão racional". Para início de conversa, ele se projeta, junto com os analistas, em um campo de dificuldades, ao "lidar com o incognoscível, a saber, com os objetos, fatos, eventos, fenômenos que fazem parte de um terceiro estado de realidade: o mistério". Reconhecer o lado cognoscível da realidade e o lado incognoscível, para o jurista, é um passo substantivo para uma epistemologia contemporânea que transcende o racional e o irracional, este como o não funcionamento daquele. Mas há de se identificar, com humildade científica, a não *racionalidade*, o que Ayres Brito nomeia de *mistério*.

Na sabedoria sofrida de quem se viu compelido a julgar a vida inteira, acena com suas palavras para a aceitação dos limites da racionalidade: "Numa frase, por maior que seja o número de empíricas ocorrências, as coisas ditas incognoscíveis não se prestam a generalizações teóricas ou antecipada classificação metódica. Inconceituáveis em bloco ou aprioristicamente indescritíveis". Poeta, adora paradoxos: "O genericamente informe é o que se abre a toda e qualquer forma em concreto". Recorre, como em outras oportunidades, a Fernando Pessoa: "As nações são mistérios. Cada uma delas é um mundo todo à parte". Para Ayres Brito, sintonizado no questionamento de velhos paradigmas, é importante não se deixar aprisionar no cubículo dos conceitos previamente elaborados. E então se volta à vitalidade das ruas brasileiras, que, outra vez poeticamente, expõem com a luminosidade do sol a pino do Nordeste mazelas como a corrupção e outras que não cabem na ortodoxia da pauta corporativa. O que se busca? Intuitivamente, arrisca: se busca o inexistente. Ou, como o jurista traz de Jung, o qual, "em diálogo tão medicinalmente terapêutico quanto espiritualmente propedêutico", fala ao interlocutor: "Pai, se o seu pequenino lhe disser *eu vi você amanhã*, pode acreditar, porque ele viu mesmo".

Apesar de muitas e variadas opiniões sobre o fatos desencadeados a 6 de junho, Carlos Ayres Brito ocupa a página impressa do caderno de domingo de um grande jornal para fazer valer não uma explicação, mas uma tentativa de compreensão, "um comentário de quem tateia as coisas ainda imersas em névoa e só apreendidas por vislumbres. Imaginação. Rudimentos de *insights*, na melhor das suposições". Diz ele então que aprendeu *com os grilos, não com os homens, que vale a pena roer toda a casca da noite para chegar ao branco miolo do dia.*

Os três articulistas oferecem a oportunidade de lembrar o primeiro seminário inter e transdisciplinar que organizei na ECA/USP em 1990 e resultou na série cujo nome – *Novo Pacto da Ciência* – vem do título do livro que reúne o debate e ensaios dos cientistas de várias áreas de conhecimento, um conjunto de reflexões sobre o "Discurso fragmentalista da ciência e a crise de paradigmas" (1991). Imediatamente depois, o projeto integrado de pesquisa se credenciou junto ao Conselho Nacional de Pesquisa Científica (CNPq) durante a última década do século passado e hoje a coleção conta com 11 edições, todas com o caráter pluralista no intercâmbio de ciências humanas, biológicas e exatas, bem como do encontro entre ciência e arte.

De qualquer forma, vale retomar o momento inaugural e os principais aprendizados que desde então vieram à tona não apenas na esfera das ciências da comunicação, mas na partilha inter e transdisciplinar. Escolhem-se, a propósito, apenas algumas noções que servem ao cotejo dos três articulistas diante da realidade contemporânea das manifestações de rua no Brasil. O eixo de Denis Lerrer Rosenfield se ergue em torno da lógica da coerência, basilar na filosofia aristotélica. Pois bem, no seminário de 1990, compareceu a voz de um matemático que propôs, internacionalmente, a *lógica paraconsistente*. Lógico, epistemólogo e historiador da ciência, Newton da Costa, professor de matemática da USP, começou a falar dessa noção nos idos de 1950, mas foi só na década de 1970 que a *metalógica, metamatemática ou lógica paraconsistente* se consagrou na área. Para o cientista, a lógica consistente estaria ao lado da paraconsistente. Na época do seminário, em longa conversa com Newton da Costa, ele citou outros importantes parentescos que incluem, na visão de mundo ou na compreensão dos fatos, as contradições. Em Freud e no processo psicanalítico, colheu farta reflexão sobre as contradições; em Marx e na dialética, também. O lógico polonês Stanislau Jaskowski, em 1948, e Newton da Costa, em 1953, um sem saber do outro, caminharam na mesma direção. O matemático brasileiro, porém, já então considerou que mesmo em Aristóteles se vislumbrava a possibilidade paraconsistente.

A inquietude perante os modelos paradigmáticos clássicos de Newton da Costa se manifesta em cinco perguntas registradas na edição primeira do *Novo Pacto da Ciência* (1991, p. 40):

1. Racionalidade e logicidade, de algum modo coincidem?
2. Se há várias lógicas, existem, em decorrência, vários tipos de razão?
3. As lógicas heterodoxas são, de fato, rivais das clássicas?
4. Quais são as relações entre a lógica, a linguagem e as ciências empíricas?
5. A lógica, em seu estágio de desenvolvimento hodierno, compromete-se com proposições filosóficas, em particular com estruturas ontológicas definidas?

Questões como essas alimentam por si uma constante oficina não só no campo da matemática, mas em todas as áreas de conhecimento. A leitura interpretativa de manifestações de rua parece correr ao largo de tais especulações epistemológicas, mas não. Ouso inferir que as multidões na rua, sejam espontâneas ou articuladas na internet, convocadas ou não por grupos sociais organizados, não cabem de modo algum numa lógica sem contradições. Da mesma forma, a produção da notícia reflete simbolicamente a realidade em um processo de conflito e contradições. Somente os deterministas, em geral do determinismo econômico, enquadram a informação jornalística em um pré-molde ideológico e não percebem o jogo de forças contraditórias em que se escreve a narrativa da contemporaneidade. Daí que a cobertura atual das manifestações de rua, mais até do que os comentários, se não dotada da arrogância judicativa, se abre às interrogações e às *verdades contraditórias* da interpretação dos fatos.

Aproveito para voltar ao seminário transdisciplinar e homenagear um dos colaboradores já falecido, o químico Atílio Vanin (1944-2001), que vocalizou, pela crise paradigmática de sua área, a crescente complexidade. Ainda que o pesquisador conte com equipamentos cada vez mais avançados em seus laboratórios, a observação não pode se valer dos modelos preestabelecidos, no que Vanin saudava o permanente retorno à liberdade de pensar. Talvez por isso o químico fosse tão sensível à arte. Em encontro posterior que reuniu cientistas e artistas, Atílio Vanin aproveitou a oportunidade para confessar o respeito e a fruição perante a *indisciplina* e a *indeterminação* da criação poética.

Mas espanto maior diante do imaginário desregrado vem de trás dos muros do hospital psiquiátrico. E dessa verdade da loucura – *a outra verdade* – também surgiu no seminário de 1990 o depoimento do psicólogo João Frayze-Pereira (USP), que já na Bienal de São Paulo de 1981 organizava o encontro epifânico entre a arte internacional e a *Arte incomum* de psiquiatrados e ex-psiquiatrados. Para aqueles que procuram a verdade única ou a interpretação coesa do mundo, Frayze-Pereira indica o caminho avesso da *outra verdade* dentro de um hospício. Esse saber atrás dos muros, dizia ele, junto com a cultura reconhecida da cidade, resgata, de certo modo, a não cultura. Como estamos preparados, digo hoje, para ler a rua, se pouco conhecemos do seu subsolo, do avesso do avesso?

Sociólogos como José Carlos Bruni, outro parceiro da USP, trouxeram ao referido seminário uma humildade epistemológica rara nessas discussões que terminam por se inquietar com os movimentos sociais. Para ele, os paradigmas clássicos estavam em crise na simples experiência da rua. Se os químicos, físicos, matemáticos se rebelam contra os conceitos científicos estanques ou os dogmas ideológicos, por que um cientista social deve ficar preso à exclusiva categoria de classe social? Bruni, diante de abalos teóricos do marxismo e do funcionalismo, propunha a criação aberta de categorias para compreender os movimentos sociais, reinterpretar os agentes sociais, redescobrir a sociedade como totalidade, reestudar o poder e a dimensão política. Para ele não se trata de explicar o mundo à luz de um novo paradigma, mas, numa visão mais profunda, abrir a reflexão à crítica e à liberdade sobre os modos de inserção na vida humana. Outro participante, Milton Greco, sociólogo também, mas, ao mesmo tempo formado na área biológica, defendeu a emergência de novos paradigmas que não se fechassem em si, o que acrescenta à experiência científica a permanente incerteza. Greco, como os demais representantes de tão distintos saberes, aceitaram com o devido respeito, no colóquio, as fronteiras clássicas, e se ofereceram para construir a dialogia inter e transdisciplinar, aposta de meu esforço a partir da comunicação social.

Passei quatro meses conversando com cada convidado para ensaiar o seminário de um dia na ECA em 1990. Talvez a maior dificuldade foi percebida na reunião de dois físicos – Sílvio Salinas, de física mecânica, e Newton Bernardes (1931-2007), de física quântica. Mesmo com toda a preparação, no primeiro horário dos debates, os dois – da mesma área de conhecimento – pareciam defender paradigmas incompatíveis. No entanto, ao correr do seminário, sobretudo após o almoço, em que paladares e afetos conjugaram os hemisférios cerebrais, aconteceu a complementação das lógicas consistentes e as lógicas paraconsistentes, da liberdade de pensar as regularidades do mundo e as indeterminações do caos. A corrida espacial e a informática davam vigor ao reflorescimento da mecânica clássica, em que leis são imprescindíveis; mas, por outro lado, Sílvio Salinas fruiu atentamente a interpretação inquietante de Newton Bernardes, que associou o conhecimento humano aos perenes dilemas entre ciência e arte, ciência e magia. Ou, numa leitura autoral do ensaio que foi registrado no primeiro livro da série *Novo Pacto da Ciência*, o conflito entre Apolo e Dionísio. Para ele, a crise profunda dos paradigmas científicos provém da herança apolínea.

Para o psicanalista Walter Trinca (2013), presente ao encontro, a arte compreende a realidade em sua emanação não visível: "A imaterialidade é sempre o encontro com o sagrado que reside nas profundezas do mundo". Escritor e professor da USP, da vivência psicanalítica recolhe o sentido de nossa crise ao nos desencontrarmos da profundeza não visível. O divórcio se dá, conforme diagnostica, porque a mente está repleta de memórias e desejos provenientes de uma sensorialidade de concretudes. Uma espécie de poluição interna, diria eu. Walter Trinca daí deduz que a imaterialidade *só fala* no desinteressado *silêncio não sensorial*.

À beira do mistério, confessado por Ayres Brito na contemplação dos manifestantes de junho-julho de 2013, esses pesquisadores não se esconderam nas couraças acadêmicas e expuseram fraturas de paradigmas para a discussão. Falta, porém, lembrar um convidado, neurologista, professor da Faculdade de Ciências Médicas da Santa Casa de São Paulo. Wilson Luiz Sanvito intervém diariamente no cérebro que gera conhecimento, ação e sentimentos. De todos, o que surpreende flagrantes da cabeça humana, aberta numa mesa de cirurgia. Atenção: o dr. Sanvito se espanta perante o mistério do cérebro e rejeita os modelos que o enquadram. Primeiro, o modelo frenológico; segundo, o embriológico; terceiro, o dióptrico; quarto, o tecnológico- mecanicista; quinto, o cibernético; hoje, o holográfico. E o neurologista não mediu as palavras: "Acho que isso é tudo besteira. O cérebro não pode ser pensado do ponto de vista de módulos ou modelos". Embora não descarte a metodologia dos modelos na investigação, no fundo quer afirmar que o mundo vivo transcende as grades mentais em que o enquadramos numa redução estrita.

Como provocadora dessa mediação de 23 anos atrás, também me expressei como ensaísta na esfera da comunicação social, aí colhendo subsídios transdisciplinares que norteiam a agenda pessoal e coletiva na pesquisa da dialogia e da formulação das narrativas da contemporaneidade. A atuação do jornalista, na prática e na teoria, está visceralmente ligada à experiência de rua. Tão logo começaram as manifestações brasileiras, o companheiro e escritor Sinval Medina e eu fomos à rua, lemos e debatemos a cobertura jornalística, os comentaristas de primeiro momento e as análises de segundo e terceiro momentos. Também foi possível, em reunião com os doutorandos sob minha orientação, ainda em junho, colher o depoimento de oito pesquisadores que há muito trabalham com o *Novo Pacto da Ciência*. Assim, nenhum de nós, com observação empírica e análise conceitual, assumiu um discurso assertivo, jogando recortes paradigmáticos sobre a realidade que posso definir, segundo a epistemologia da complexidade, como *enxaminosa*. Como não reviver o que já foi seguidamente aplicado tanto na narrativa da contemporaneidade como na reflexão teórica que se sucede pelo menos nas quatro últimas décadas? A libertação das camisas de força do pensamento que o neurologista Sanvito defendeu com ênfase não foram palavras soltas ao vento de primavera de 1990. A leitura do real, como as cirurgias de cérebro, não se realiza por meio de uma modelagem mental que conduz o ato operatório do médico ou o ato simbólico da interpretação do repórter, da opinião do comentarista, do discurso do político.

No máximo ensaiamos a compreensão possível dos fatos. Escrevi, no livro que surgiu do seminário (1991), que para os físicos como para os jornalistas, a crise do paradigma que rege a *metodologia sujeito-objeto* não dá conta da dialogia que na rua ou em outros ambientes só se consuma na *relação sujeito-sujeito*; aquele vício mental que leva o leitor do mundo a encontrar a causa e o efeito dos acontecimentos deve ser erradicado em favor da complexa e enredada intercausalidade; do pensar que o universo é sólido, deslizamos para a noção de universo poroso, redemoinho ou *enxaminoso*; da concepção de massa destrutível ou indestrutível, compreende-se a massa em transformação; do conceito de certo e errado, percebe-se que os dados da realidade não estão assim hierarquizados e sim, dentro da noção de encaixe e sustentação no todo. Em síntese, encarar o mundo e seus movimentos não de forma reducionista, mas de modo complexo constitui a visão de mundo que atravessa a epistemologia contemporânea, seja na obra de Edgar Morin (1991, 1998, 2001), seja em autores nacionais com que convivo mais de perto, como Milton Greco (1984).

Uma das rupturas paradigmáticas essenciais na comunicação social é justamente a relação sujeito-sujeito, em lugar da relação sujeito-objeto. Mas se o contato vivo EU-TU, TU-EU (Buber, 1982) se faz necessário na dialogia do jornalismo, não é de forma diferente da relação médico-paciente (paciente?) na medicina ou do sujeito--pesquisador e os protagonistas do campo de pesquisa, segundo o paradigma cientificista tradicional, nomeado de objeto de pesquisa. A multi e intercausalidade dos acontecimentos socioculturais é também uma mudança substantiva na leitura da realidade.

Tardio na análise, provavelmente no ritmo do historiador e não da reportagem--ensaio do jornalista, Jaime Pinsky publicou na *Folha de S.Paulo* de 26 de julho seu comentário sobre as recentes manifestações. Não levanta, em sua argumentação, a multi e intercausalidade; prefere atribuir o atual contexto a uma herança de causalidade histórica única: "Todos os protestos decorrem do indiscutível e inaceitável distanciamento que existe no Brasil entre a nação e o Estado". O diagnóstico se reporta a 1822 e ao que denomina *pecado original* (título do artigo). Pinsky divorcia Estado de nação, como se houvesse uma bipolaridade no processo político. Estende seu propósito crítico ao apontar Estado-nação de mais ou menos consistência democrática, segundo um indiscutível e inaceitável pecado determinista. Escapa o fato de que uma nação, no processo constitutivo de identidade (no caso, brasileira), enfrenta o contínuo e recorrente conflito da formação do Estado nacional. Seria, pois, possível enquadrar, à luz da visão contemporânea, Estados e nações "certos" e Estados e nações "errados"?

Pergunta que se levanta no *Novo Pacto da Ciência* e se prolonga nos encontros dos últimos 23 anos. Aí se procura estudar sofisticadas redes de noções que estão por trás da operação mental ao praticar a produção de sentidos sobre o Real. O diálogo inter e transdisciplinar oferece ao comunicador, assim como aos pesquisadores das ciências humanas, exatas e biológicas, inúmeros subsídios para refazer a cabeça (proposta constante na obra de Edgar Morin) no que ela atua como agente cultural ou mediador-autor na interpretação da contemporaneidade – ação social do jornalismo, na *arte de tecer o presente*. Mas gostaria de voltar à velha obsessão de repórter na contemporaneidade e ao espaço de dialogia por excelência que sempre defendi – a rua. E agora me exponho: tendo experimentado muitas manifestações a partir dos anos 1960, fiquei encantada com o fato de a população, em grande parte jovem, mas não só, estar de fato interconectada pelas atuais infovias e, por outro lado, deixar a solidão física à frente da máquina e ir à rua, reencontrar o laço coletivo, *o signo da interação social criadora.*

Poucos dias após a manifestação de 6 de junho, escrevi as primeiras percepções, quando todos se interrogavam numa salutar perplexidade, e enviei por *e-mail* a meu neto, Gabriel Medina Ximenes, que terminava à época uma especialização em gastronomia no País Basco e me perguntava o que estava acontecendo em sua terra. Reproduzo a seguir minha reflexão inaugural: *Meu queridíssimo neto maior, Gabo do coração: temos estado em contato permanente com suas façanhas de herói virador europeu, representando o que de melhor existe no sevirol brasileiro em terras do Hemisfério Noite. Um orgulho constante para sua família (de várias latitudes) e seus amigos presenciais, porque os virtuais nem sempre são vigorosos como as infovias prometem. Por isso, querido Gabo, vamos pra rua no Brasil. Você sabe que sua avó-repórter sempre teve a rua e o contato interativo quente com o Outro como proposta de ação e de teoria. De maneira que me entusiasmei, assim como o Sinval, com a explosão de demandas sociais que correm as cidades brasileiras. Não se sabe ainda no que vai dar, mas uma coisa é certa – vários estereótipos vêm abaixo. Por exemplo: que a juventude pós-moderna é individualista e só procura a própria satisfação e expressão na internet; ao contrário, ela vai à rua em busca do coletivismo, da solidariedade intergrupal, intertribal, sintonizada que está com as causas da sociedade contemporânea como mobilidade urbana, qualidade de vida, educação e saúde, desgosto com o estado geral das instituições na democracia mal-acabada. Ou que o brasileiro é aquele sujeito pateta que engole o que os marqueteiros querem lhe enfiar garganta abaixo; ao contrário, o brasileiro deu um chega pra lá nas bandeiras que encobrem a incompetência política (de governos e partidos, Executivo, Legislativo e Judiciário) e não agem com presteza contra a corrupção. Ou mostrando, ainda, que o tônus nacional, embora vibre com o futebol e o carnaval, sabe distinguir os limites da propaganda eleitoral que se apropria desses valores míticos e os transforma em manipulação dogmática a ponto de priorizar gastos inacreditáveis com estádios e exigências da Federação Internacional de Futebol (Fifa), deixando entregues ao caos os entornos sociais de infraestrutura, transportes, saúde, educação, habitação etc. Enfim, meu querido, todos os da luta como nós, que estamos aí em manifestações públicas antes mesmo de sua mãe nascer, no final dos anos 1950, desejamos que quando você voltar ao seu país encontre algumas mudanças em um processo social de longo curso. Sabemos, porém, que certamente você, nos seus 24 anos, é um cidadão consciente de tudo isso. Grande beijo.*

Não sei se quando Gabriel voltar ao Brasil (provavelmente no fim do ano) encontrará o país transformado à luz dos reclamos espalhados pelas ruas e infovias. Avanços e recorrências são sinais vivos do processo, sobretudo para quem não encara os fatos sociais com a perspectiva do genesismo ou do principismo. Mais uma vez lembro das viagens do Projeto Plural, quando, em 1991, ouvi uma conferência e conversei longamente com Ilya Prigogine em Buenos Aires, no encontro interdisciplinar internacional "Novos Paradigmas, Cultura e Subjetividade". Há muito que colher na obra desse Prêmio Nobel, mas um de seus entendimentos do caos perdura em todas as situações, sejam elas extraordinárias ou cotidianas. Prigogine (1917--2003) partia do laboratório da química e da física para transpor a teoria do caos dinâmico para a história e a sociedade humanas. Das situações aparentemente sem saída emergem *atos emancipatórios* que redirecionam o caos (Prigogine, 1996). Quem sabe se no clamor das ruas brasileiras surpreenderemos a dinâmica do caos?

Referências bibliográficas

BUBER, Martin. *Do diálogo ao dialógico*. São Paulo: Perspectiva, 1982.

MEDINA, Cremilda (org.). *Novo Pacto da Ciência, primeiro seminário transdisciplinar – A crise de paradigmas (anais)*. São Paulo: ECA, 1991.

_____; GRECO, Milton (orgs.). Novo Pacto da Ciência 2, *Do hesmifério Sol: o discurso fragmentalista da ciência*. São Paulo: ECA/USP: CNPq, 1993; Novo Pacto da Ciência 3, *Saber plural: o discurso fragmentalista e a crise de paradigmas*. São Paulo: ECA/USP: CNPq, 1994; Novo Pacto da Ciência 4, *Sobre vivências no mundo do trabalho*. São Paulo: ECA/USP: CNPq, 1995; Novo Pacto da Ciência 5, *Agonia do Leviatã: a crise do Estado moderno*. São Paulo: ECA/USP: CNPq, 1996. Novo Pacto da Ciência 6, *Planeta inquieto: direito ao século XXI*. São Paulo: ECA/USP: CNPq, 1998; Novo Pacto da Ciência 7, *Caminhos do saber plural: dez anos de trajetória*. São Paulo, ECA/USP: CNPq, 1999.

_____ (org.). *Ciência e sociedade, mediações jornalísticas*. Novo Pacto da Ciência 8. São Paulo: Coordenadoria de Comunicação Social e Estação Ciência/USP, 2006.

MEDINA, Cremilda; MEDINA, Sinval (orgs.). *Diálogo Brasil-Portugal – século XXI – Novas realidades, novos paradigmas*. Novo Pacto da Ciência 9. Porto: Edições Universidade Fernando Pessoa, 2008.

_____ (org.). *Energia, meio ambiente e comunicação social*. Novo Pacto da Ciência 10. São Paulo: Faculdade Cásper Líbero; Porto: Universidade Fernando Pessoa, 2009.

_____ (org.). *Liberdade de expressão, direito à informação nas sociedades latino-americanas*. São Paulo: Fundação Memorial da América Latina, 2010.

_____. *Notícia, um produto à venda – Jornalismo na sociedade industrial*. 2. ed. São Paulo: Summus, 1988.

_____. *Entrevista, o diálogo possível*. 5. ed. São Paulo: Ática, 2011.

_____. *Ciência e jornalismo – Da herança positivista ao diálogo dos afetos*. São Paulo: Summus, 2008.

_____. *A arte de tecer o presente – Narrativa e cotidiano*. São Paulo: Summus, 2003.

_____. *O signo da relação – Comunicação e pedagogia dos afetos*. São Paulo: Paulus, 2006.

_____ (org.). *Povo e personagem, sociedade, cultura e mito no romance latino-americano*. São Paulo: Fundação Memorial da América Latina, 2008.

_____. *Casas da viagem – De bem com a vida ou afetos do mundo*. São Paulo: Edição da Autora, 2012.

MORIN, Edgar. *Introdução ao pensamento complexo*. Lisboa: Instituto Piaget, 1991.

_____. *Sociologia – A sociologia do microssocial ao macroplanetário*. Portugal: Europa-América, 1998.

_____. *A cabeça bem-feita*. 5. ed. Rio de Janeiro: Bertrand Brasil, 2001.

PRIGOGINE, Ilya. *O fim das certezas*. São Paulo: Editora da Unesp, 1996.

SANVITO. W. *O cérebro e suas vertentes*. São Paulo: Panamed, 1982.

Reflexos IV:
O gesto da arte

Repito com insistência: a arte sempre esteve colada à minha experiência. Seja pela fruição, seja pela inspiração no contato com a vida e seus protagonistas. Com primazia, é claro, para os seres humanos e suas circunstâncias. Daí que nos momentos destinados ao lazer, nos de trabalho jornalístico ou nos de reflexão acadêmica e prática pedagógica, recorro ao *gesto da arte* como alimento simbólico imprescindível.

Dos momentos inaugurais como repórter, me aproximei da literatura e das demais expressões artísticas nos primeiros espaços de trabalho jornalístico: a imprensa estudantil e a *Revista do Globo* da Porto Alegre dos anos 1960. Logo depois de me instalar em São Paulo, em 1971, foi a hora e a vez da fotografia e das artes visuais na *Revista Novidades Fotoptica* (criada por Thomas Farkas nos anos 1950). O cinema, desde a remota infância, um vício permanente. De 1975 a 1985, na editoria de Artes do jornal *O Estado de S. Paulo*, há uma colheita inesgotável de convívios com artistas nacionais e internacionais. Na década de 1980, a busca de ecos dos povos de língua portuguesa (Portugal, Brasil, Moçambique, Angola, São Tomé e Príncipe, Guiné Bissau, e Cabo Verde, na ordem da viagem) resultou no painel de personagens literários. Ao pensar a relação profunda entre *povo e personagem*, declarei em definitivo a paixão perene pelo *gesto da arte*.

Como momento culminante da coleta de reportagens que se encerra neste capítulo, escolhi três textos. No primeiro, as marcas digitais de Oswaldo Guayasamín (1919-1999), pintor que descobri em visita ao Equador, voz então desconhecida no Brasil dos anos 1970, embora já famoso na França e nos Estados Unidos.

O segundo texto se remete a uma difícil viagem, porque difícil era obter visto para acompanhar um festival de cinema na antiga União Soviética. A reportagem só foi possível por meio da embaixada em Lisboa, onde eu me encontrava a trabalho. Difícil também foi conquistar espaço significativo no jornal *O Estado de*

S. Paulo em 1983, quando saiu publicado o *Diário de Moscou*, em três dos sete dias que eu pretendia. (Soube, de imediato, por um colega de redação, que o Partido Comunista Brasileiro queria enviar uma carta de cumprimentos à redação e eu encareci ao emissário que o PCB não o fizesse...) Se o motivo da viagem a Moscou e à então Leningrado foi acompanhar o premiado *Sargento Getúlio*, de Hermano Penna, depois da consagração do filme, naquele ano, no Festival de Gramado, a fruição das cinematografias internacionais, muitas delas ainda ausentes nas telas brasileiras, me reforçou a paixão pelo gesto da arte cinematográfica, tão presente na minha vida.

Além da curiosidade e do encantamento por tão variados filmes em 20 dias, tive o privilégio de observar nas ruas de Moscou o cotidiano da transição que se anunciava política e culturalmente. Como sempre elegi narrador e estilísticas de narrativa de acordo com a experiência da reportagem, não poderia abdicar, neste caso, do diário que aqui recupero.

O texto final da antologia se volta para a memória de um dos autores canônicos da literatura, o fragmento que escrevi para o *Estado de S. Paulo* e para o *Diário de Notícias* de Portugal por ocasião do centenário da morte do escritor português Alexandre Herculano, em 1977. Para espanto de meus colegas, aí confessava o parentesco, pelo lado paterno, com o autor de *Eurico, o presbítero*. Hoje pergunto: teria recebido, no legado dessa descendência, o apego ao *gesto da arte*?

A magia do reencontro, a força perene de Oswaldo Guayasamín

*Eu sempre voltarei,
deixem a luz acesa.*
Guayasamín

Ao entrar no salão da mostra da obra de Oswaldo Guayasamín que o Memorial da América Latina inaugurou em abril de 2008, o espanto da epígrafe: *"Eu sempre voltarei, deixem a luz a acesa"*. Por mais que repita a frase, não canso de admirar como as palavras do artista equatoriano (1919-1999) irradiam a magia dos tempos. A exposição brasileira *Descobrindo Guayasamín* reacende essa luz da saga latino-americana do índio mestiço que nos legou a épica e a lírica do ser humano no século 20. Basta observar o gesto e o olhar de jovens e espectadores de todas as idades quando passeiam pelo itinerário pictórico da Galeria Marta Traba da Fundação Memorial da América Latina em São Paulo. A descoberta do traço, da cor que, do fundo preto das misérias humanas à suavidade dos tons nos rostos de mulheres, traz à tona a alma do poeta e contagia a emoção solidária.

Talvez outra epígrafe da exposição, desta vez de Pablo Neruda, seja por demais racionalista para a carga de afeto que o pintor expressa em sua obra. Não é por acaso a plena identificação com o povo equatoriano que Guayasamín levou ao mundo, dos anos 1960 até morrer, no fim do século 20? O poeta chileno, seu parceiro e amigo, no entanto, entende que "antes de entrarmos em sua pintura, temos que pensar e refletir, porque será difícil retornar". Seriam cifradas as palavras de Neruda? O fato é que ninguém passa incólume à primeira vista ao descobrir o pintor no Brasil, quase desconhecido dos públicos do século 21. Nem mesmo aqueles que estudam criticamente ou praticam as artes plásticas eximem-se de um contato afeto à carga emotiva dessa força da terra chamada Oswaldo Guayasamín, que tive o privilégio de conhecer em Quito, em 1972.

A primeira visita confluiu com o mergulho na América Hispânica e a subida aos Andes. Antes de tudo, o encantamento pela Quito *vieja*, que seria escolhida pela Organização das Nações Unidas para a Educação, a Ciência e a Cultura (Unesco) como a primeira cidade-monumento da humanidade, em 1978. Essa cidade histórica, que data de 1534, Guayasamín representou na *Quito negra* e em outras obras. A poética que o artista me ofereceu nas telas me levou a visitá-lo em seu estúdio e a trazer para o Brasil um presente generoso que ele me deu. Na minha casa há 37 anos, a gravura do pintor nunca permitiu que a luz se apagasse. Mas, inconformada com a ausência de sua obra no Brasil, onde museus e galerias não o expunham, voltaria ao estúdio de Quito, em 1977, e dessa vez traria informações e o depoimento de Oswaldo Guayasamín para escrever e publicar um texto no jornal *O Estado de S. Paulo*. Na minha ingenuidade, pensava que essa publicação provocaria um rápido aceno para que uma instituição de arte o trouxesse ao Brasil. Não aconteceu. Trinta e um anos depois, o Memorial da América Latina mostra a luz do artista.

O texto que escrevi, publicado a 6 de março de 1977, que passo a transcrever, transcende a atualidade imediata com que consumimos as páginas de jornal.

Não só o Equador vive o tempo de Guayasamín

> O Estado de S. Paulo, 6 de março de 1977, pág. 24.

Dimensão épica, esquematismo anguloso, cores fortes, profunda dor: quem olhar as séries da obra pictórica de Oswaldo Guayasamín logo identificará esses traços dominantes nas nascentes daquela pintura que, hoje, é a mais prestigiada da América. O mestiço-índio de Quito, aos 58 anos, além de ser um verdadeiro patrimônio artístico do Equador, está projetado nos Estados Unidos, na América Latina e na Europa.

A 15 de maio próximo, Guayasamín inaugurará um salão de honra da nova Plaza Colón de Madri, o único espaço dedicado a um só artista, em meio a coletivas na praça de exposições, resultado do movimento ibero-americano convencionado por Espanha e Colômbia. Na coleção Nauta, de Barcelona, onde figuram os mais importantes artistas contemporâneos, o volume seguinte ao *Adiós Picasso* (1976) será, este ano, *El tiempo de Guayasamín*, a segunda obra publicada na Espanha (outro volume anterior, *Guayasamín*, apresentado pelo crítico espanhol José Camón Aznar, saiu pela editora Polígrafa, também de Barcelona). Ainda para os próximos meses, o pintor equatoriano tem duas exposições marcadas na Espanha e vai abrir um Ateliê Guayasamín em Caracas, onde estarão permanentemente à venda quadros, artesanato e joias do artista.

O índio miserável que se tornou milionário não esconde o patrimônio que continua construindo, provavelmente tendo por paradigma a herança de 25 milhões de dólares que Picasso deixou.

A tragédia como pilar

Para conhecer Guayasamín, basta captar a emoção dos olhos úmidos, um discurso verbal tenso e seu repertório de histórias que se remetem sempre às dores desta vida. Os que invejam sua situação, agora privilegiada, insinuam certa pose dramática. Mas, postura ou não, quando fala e narra coisas significativas de sua arte, há situações concretas que transpiram sentimentos humanos muito fortes.

Terminou, há pouco, uma obra importante – *Os mutilados*. Seis quadros móveis podem compor *n* combinações num conjunto que chega às dimensões de um mural. Este trabalho custou-lhe três décadas de estudo, de liberação da imagem vivida intensamente. Estava ele num campo de futebol, na Espanha, em 1947, quando se deparou com um espetáculo insólito: Franco reservava um lugar de destaque no campo para que, em todos os jogos, ali se acomodassem, gratuitamente, os mutilados da Guerra Civil. O jovem índio, nascido na marginalidade, muito consciente, portanto, da condição humana e, além de tudo, artista sensível, engoliu em seco essas imagens de um exibicionismo que ultrapassa qualquer limite. Foi tão difícil a assimilação do que via quanto criar os quadros que resultaram dessa vivência. Em seu arquivo (muito bem organizado, aliás) há milhares e milhares de desenhos, tentativas que só o satisfizeram na versão que terminou há três meses.

Os males do século

"Como é possível que este índio de... se tenha tornado um milionário?" Essa pergunta, do próprio Guayasamín, ao interpretar o cerco de inveja dos inimigos, traduz literalmente as versões contraditórias de outros pintores e intelectuais de Quito. Os que querem ser mais ferinos insistem na redundância da obra, sem, no entanto, escapar ao reconhecimento de sua força. Os que não medem o nível dos ataques têm uma ideia fixa – sua organização comercial capaz de abastecer o mercado com quadros de cotações altíssimas, joias que só a alta sociedade pode comprar e um artesanato à disposição dos milhares de turistas que passam pela casa-museu.

Guayasamín é realista: saiu da miséria, organizou-se para viver da arte e diz que não tem culpa de a sociedade de consumo estabelecer as regras do mercado artístico. Além disso, na colmeia que é sua casa – os filhos dos três casamentos, mais os filhos da última esposa, uma francesa muito eficiente na administração de bens –, a azáfama é constante. Guayasamín, muito tranquilo, a posição de chefe do clã assegurada e o tempo livre para criar, diz que os Ateliês Guayasamín S.A. são "coisa da família" e que ele não se mete.

Gosta de dividir (sempre sistemático) a obra em "maior", "intermediária" e "secundária". Na obra maior, está o seu sangue – é a "Idade da ira", um total de 250 quadros em que trabalha há 15 anos (e faltam ainda 60). Nesse fôlego, estão também incluídos oito mil desenhos prévios e sete anos de viagem para colher o que o pintor chama de "o tempo mais cruel da toda a história da humanidade". Para ele, nem as misérias dos primitivos cristãos em Roma ou as chamadas "trevas" da Idade Média superaram os campos de concentração, a Guerra Civil Espanhola, a Guerra do Vietnã, a fome em Biafra e todas as pestes contemporâneas.

Tenso na elaboração dramática da "Idade da ira", em que trabalha praticamente todos os dias pela manhã, Guayasamín se impõe dois outros ritmos: ora descansa nos retratos, uma busca intermediária na qual exercita a síntese expressiva do humanismo constante em toda a obra; ora se entrega integralmente aos rostos míticos; ora faz concessões aos pedidos de clientes, que não escapam do gosto pelas naturezas mortas. As joias e o artesanato significam, para ele, a pesquisa das raízes equatorianas, dos motivos simbólicos pré-colombianos, da paixão pelos antepassados incas. O que o leva também a colecionar peças arqueológicas e a formar, em sua casa, um museu público para estudantes e turistas.

A gênese da rebeldia

Quando se pergunta a Guayasamín das origens do profeta da "Idade da ira", ele logo lembra uma infância dramática: num quarto mínimo dormiam dez crianças, das quais ele era o mais velho, e os pais. Outro lado que não esquece: "Usei sapatos pela primeira vez aos 7 anos". Sensível desde sempre e com uma vocação tenaz para a pintura – antes dos 10 anos já fazia aquarelas e aos 10 pintou o primeiro óleo –, costuma explicar pela natureza tremenda e insólita do ambiente geográfico a fatal adesão dos equatorianos às artes plásticas. A serra, os nevados, o verde, o casario espalhado nas faldas da montanha, os contrastes históricos – a Quito de 500 anos e a Quito americanizada –, a cor dos ponchos, o frio e o sol equatorial, tudo altera a química da sensibilidade artística. E Guayasamín definiu muito cedo, contra todas as limitações sociais, que sua vida seria a pintura.

Na vertente temática, ele diz: "Como não sofrer o espetáculo trágico deste século? Nasci com a primeira Grande Guerra, fui um espectador comovido da

Guerra Civil Espanhola, da ascensão do fascismo, soube dos campos de concentração..." O menino, depois adolescente responsável pela sobrevivência de muitos irmãos menores, frequentemente não conseguia prestar atenção às aulas na escola, porque preferia fazer caricaturas. O desenho se tornou, para sempre, indispensável na busca dos perfis humanos. Guayasamín nem sequer aprendeu a ler fluentemente na escola; mas já em 1929 começou a viver de sua arte: pinta, então, para os turistas, a dois sucres o quadro. (Cobrava dez sucres pelos retratos a carvão de artistas de cinema.)

Na Escola de Belas Artes de Quito, Guayasamín se disciplinou e, como foi difícil chegar aí, a seriedade nos estudos é levada às ultimas consequências. Ao terminar a escola, em 1940, enfrenta a primeira responsabilidade familiar: casa e continua a viver da pintura. Sua tenacidade não passa despercebida, porque, se não aparecem mecenas, surgem os prêmios e as primeiras exposições individuais. Quito, ponto de encontro, linha de muitos cruzamentos importantes – da diplomacia à espionagem, da política à economia – oferece certas oportunidades de trânsito. E foi por isso que Nelson Rockefeller comprou, de imediato, quadros de Guayasamín. O próprio Departamento de Estado dos Estados Unidos o convida para conhecer a sociedade nova-iorquina. O jovem equatoriano não perde a oportunidade e hoje, a distância, considera a estadia nos Estados Unidos uma aprendizagem decisiva. Descobriu coisas muito importantes nos museus de Nova York: El Greco acima de tudo, Cézanne, e a desilusão com Gauguin. Para culminar, na volta da viagem, passou pelo México e entrou em contato com Orozco. Dos muralistas mexicanos, herdou o amor pelas grandes medidas, sua vontade de pintar vultos titânicos.

A opção pelo humanismo do século 20 foi consciente e Guayasamín se lançou numa pesquisa sistemática por intermédio das suas viagens. No Peru e na Bolívia, "o terrível espetáculo das populações indígenas"; outra América, no Chile e na Argentina; o Brasil e sua vocação para a arquitetura (pintou um retrato de Juscelino Kubitscheck e canta hinos de louvor a Brasília, construída em um tempo onde imperava a "Idade da ira"); dessas experiências, saem 100 quadros em três ciclos – "Mestiços", "Índios" e "Negros". No início da década de 50, essa exposição, em Quito, sua terra natal, atinge o mais puro dos êxitos. A mostra se repete em Caracas. Daí vai para Washington e abre-se o mercado em que os quadros vão se dispersar, tragados pelo consumo internacional. Os 30 que restaram cumprem a missão final em Barcelona, na Bienal Hispano-Americana, e ele ganha o Grande Prêmio.

Ao morar então na Espanha durante um ano e meio, nasce a "Idade da ira", projeto até hoje incompleto e confessadamente eleito como a obra escolhida entre todos os ciclos temáticos. As viagens se multiplicaram de Leste a Oeste para a implacável coleta de irados e vítimas da ira. Nesse meio tempo, mostras parciais da coleção percorreram a Europa (1973/1974) e o Oriente. Incessante, Guayasamín multiplica os quadros da "Idade da ira"; grava, esculpe, desenha joias, pinta retratos e paisagens, enriquece cada vez mais.

Recortes da crítica

Oswaldo Viteri, um segundo nome em projeção na pintura contemporânea equatoriana, representa o baluarte dos que argumentam que, afinal, Guayasamín não é o mito que se faz. Mas por mais razões que apontem para diminuir o valor do "santo da terra", o problema é que, se em casa santo não faz milagres, fora está guindado ao plano da primeira linha internacional. Guayasamín prefere interpretar-se: "Vítima da simples inveja alheia, principalmente da parte dos pintores frustrados e sem condições de vender seus quadros".

Pablo Neruda já o definiu de forma majestosa:

> Guayasamín realizou, em sua obra, o Juízo Final que exigíamos aos solitários do Renascimento. Poucos pintores de nossa América são tão poderosos como esse equatoriano intransferível: tem o toque da força; é o anfitrião de raízes, cotidiano à tempestade, à violência, à inexatidão. E com tudo isso a visão e paciência de nossos olhos são inundados de luz.

O humanismo grandiloquente de Guayasamín, nas palavras do crítico espanhol José Camón Aznar, ultrapassa os limites de uma temática puramente regionalista: "A dor das figuras de Guayasamín é mais transcendente e profunda. Encarna, de certa forma, a humanidade doída, as injustiças de todos os tempos e países, em última instância, a angústia que existe no centro da alma do homem". O mesmo crítico avança na avaliação da obra, sem poder fugir, é claro, da interação conteúdo-forma:

De um lado, este pintor quer recolher as grandes tristezas, a quietude atemporal, a presença de um povo que, como seus grandes ídolos, permanece à margem do tempo. Estas visões interiores, que são como um grande poema da raça índia, Guayasamín expõe em uns quadros de extrema simplicidade, de um dramatismo sem ação, com gritos petrificados e mortos eternamente insepultos. Há apenas volume nestas obras. As superfícies são planas, os relevos se alisam, os perfis se destacam com seca rigidez. E umas certas cores dão a estas obras uma perenidade sem história.

O enraizamento deste equatoriano atingiu, em verdade, a dimensão capaz de transcender. A essa característica nenhum crítico foge, e Raymond Cogniat o qualifica justamente como "um dos descobridores de mundos que surgem em cada época, sem dúvida um dos pintores mais transcendentais de nossos dias".

No alto da colina, onde Quito termina pelo lado norte da cidade, com vista ampla sobre os vales e montanhas, mais ao longe o pico nevado, Guayasamín instalou seu promontório: a casa é privilegiada em tudo, a natureza revolta do Equador entra pelas janelas, pelos arcos do pátio espanhol. No pequeno feudo artístico, a presença dos artesãos: para produzir joias, esculturas, peças de marcenaria. No espaço dos galpões, estoques de madeira e de pedras preciosas, estátuas inacabadas. É difícil a intimidade familiar, se queixa Guayasamín, que agora resolveu construir outra casa, separada deste núcleo. Nos últimos anos, criou também o Museu Guayasamín, acervo vivo que está aberto ao público nessa mesma casa. Lá dentro, as obras mais recentes e parte de "Idade da Ira". Em outro setor, uma coleção arqueológica de arte pré-colombiana – cerâmicas, pratos e utensílios incas que compartem o espaço de exposição com a santuária da colonização espanhola.

Há dois meses, Guayasamín foi convidado pela Unesco para falar de cultura na América Latina. Ele, que já presidiu a Casa Equatoriana da Cultura, em Quito, sempre manifestou pontos de vista ferrenhamente opostos à dependência social, econômica e cultural. Seu texto, que acaba de ser impresso em inglês, francês e espanhol, em um folheto da Unesco, reafirma a especificidade da América Latina:

> Apesar de sua situação geográfica, a América Latina não pertence nem ao mundo ocidental nem ao mundo oriental e, apesar da conquista espanhola, acredito que não pertença nem mesmo ao mundo cristão. Os três troncos étnicos – o indígena, o hispânico e o negro – criaram uma

cultura mestiça original (e, em certos casos, o grau de mestiçagem é mínimo) que deve ser considerada como tal e não ser assimilada levianamente sob o título vago de Terceiro Mundo.

E a luz permanece acesa[8]

Voltemos ao segundo tempo da memória: abril de 2008. As palavras de Oswaldo Guayasamín que encerram o texto de 1977 são tão luminosas quanto sua obra pictórica. A sensibilidade do pintor, o gesto de sua arte tocam fundo na identidade latino-americana e, por isso, persiste a atemporalidade da aventura humana que fixa em suas telas. Em 1976, por conta dessa consciência de identidade ancestral, lhe vem à mente a criação da Fundação Guayasamín, doando ao Estado equatoriano todo o seu patrimônio. Desdobram-se então o Museu de Arte Pré-Colombiana, o Museu de Arte Colonial e o Museu de Arte Contemporânea. Neste, se abriga a série monumental "Idade da ira", obra que o ocupou de 1964 a 1984. Outra vertente, a lírica, compõe o acervo: a série "Mientras viva siempre te recuerdo". Aí expressa ternura pelas mulheres, entre elas a própria mãe.

Em tempos em que não o acompanhei diretamente, já na fase final de sua vida – ele morreu em 10 de março de 1999 –, iniciou a criação, três anos antes, de outro espaço, a Capilla del Hombre, cuja primeira etapa foi inaugurada em 2002. A transcendência mestiça da cultura latino-americana aí foi reconhecida por todos os que contribuíram para que a utopia da arte se concretizasse. O humanista equatoriano doou recursos antes de todos; a Unesco voltou à cena para declarar a Capela do Homem prioritária para a cultura; verbas provenientes de instituições do Equador, do Chile, da Bolívia e de outros países, além da solidária ajuda de artistas hispano-americanos, puseram de pé o projeto, para que a luz não se apague nunca.

Muito cedo, o menino mestiço mostrou a teimosia: em 1940, aos 20 anos, já participava de uma coletiva, na Escola de Belas Artes de Quito, no Salão de Maio, promovido pelo Sindicato dos Escritores e Artistas do Equador. Em 1941, conquistava o segundo prêmio no mesmo salão. Daí para a frente, a carreira artística estava lançada, com prêmios e exposições nos salões nacionais. Em 1943, partilhou coleti-

---

[8]. A reportagem original termina com a citação acima. Porém, publiquei a matéria e o texto a seguir em um opúsculo intitulado *Força perene Oswaldo Guayasamín – A magia do reencontro*, na Coleção Marta Traba da Fundação Memorial da América Latina de São Paulo, 2008.

vas nos Estados Unidos com artistas latino-americanos, entre eles Candido Portinari. Peru, Chile e Venezuela o receberam prontamente. Não demorou para sua obra chegar à III Bienal Hispano-Americana de Arte de Barcelona (1955) e aí conquistar o Grande Prêmio com *El ataúd blanco*. Expõe na Espanha e chega à IV Bienal de São Paulo, ao mesmo tempo que se projeta nos Estados Unidos e na Europa.

Embora tenha pintado um retrato de JK no fim dos anos 1950, o percurso dos anos 1960 corre ao largo do Brasil. Já então ocupa um lugar de honra no México, na Colômbia, nos demais países hispano-americanos. A série épica da "Idade da ira" é saudada em Paris, Madri e Praga, bem como em São Francisco e Nova York. Começam as retrospectivas nos anos 1970 de um artista em plena maturidade. Era inevitável ocupar um espaço generoso no Museu Hermitage (1982), em São Petersburgo, à época Leningrado. Moscou, Havana, Budapeste também cultivam esse longo desabafo contra a crueldade dos ditadores, da fome e das misérias da gente miúda da América. "A Idade da ira", o sofrimento do século 20, e as retrospectivas de outras séries e obras percorreram o mundo, sempre causando espanto e admiração pelo mestiço latino-americano que nem se queria ocidental nem oriental, mas equatoriano.

Aos 70 anos, reuniu mil desenhos que circularam pela América Latina do final da década de 80 à década de 90, e outra vez sua arte aportou em Paris. Da vigorosa pintura ao desenho, à gravura e à aquarela, passando pela escultura e pelas joias, Oswaldo Guayasamín se lançou à grande viagem da arte sem fronteiras, mas sempre voltou ao centro do mundo, a sua Quito. Gostava de mostrar da varanda de sua casa aquela massa de tinta de sua terra. E foi quando projetou, antes de partir definitivamente, a Capela do Homem. Ali queria concentrar a homenagem superlativa (assim era Guayasamín, no contato direto e na obra, um ser superlativo) ao povo latino-americano, ao sofrimento e às conquistas, do mundo pré-colombiano à colonização e à mestiçagem. Não o encontrei a essa altura, mas pressinto na cor mais vibrante de suas obras dos últimos anos certa reconciliação com a alegria de viver e a expressão terna nas mulheres que amou. O traço épico desliza para a leveza lírica.

No depoimento de Jorge Enrique Adoum, que faz parte do catálogo da mostra brasileira de 2008, ficamos sabendo que, no dia 13 de março de 1999, as cinzas de Oswaldo Guayasamín foram depositadas debaixo da árvore que ele escolhera. Entre as memórias afetivas que guarda do parceiro de 50 anos, Adoum cita esta fala mágica – "Você me disse: *Deixem uma luz acesa, porque eu sempre vou voltar*". Ao que o amigo acrescenta: "Ela está acesa, você pode vê-la: ela se mantém acesa no dia, na pintura do mundo, na sua casa, nos nossos olhos. No entanto, seria melhor se você voltasse, pois temos tantas coisas para falar, companheiro de minh'alma, companheiro". Jorge Enrique dá uma só pincelada no retrato do artista: "Colocamos, junto com as suas cinzas, um tubo de tinta, um pincel, uma pequena garrafa de vodca, um maço de cigarros. Esquecemos de deixar um isqueiro. Mas, onde quer que você esteja... – onde?, você não está ali, transformado em cinzas e enterrado? – alguém já deve ter acendido o seu cigarro. Esse alguém deveria ter sido eu".

Seria necessário acender a chama? Ela não se apagará, porque a *idade da ira, a espera, as cabeças e as mãos, os rostos de mulheres, o homem cego, o menino negro ou a paisagem equatoriana* atravessam o tempo e o espaço contíguo da Quito amada e vêm até nós reafirmar a luz latino-americana.

Perene no século 21

O laço perene de sua obra está registrado em vários tempos. Já em 1973, um ano depois de o ter visitado em Quito, saía em Barcelona um livro fartamente ilustrado sob o título *Guayasamín*. À época, explodia na Europa a voz literária dos latino-americanos no consagrado realismo mágico, capitaneado por *Cem anos de solidão*, do escritor colombiano Gabriel García Márquez. A função irradiadora dessa importante cidade catalã não se concentrou, porém, em um único polo artístico – a literatura –, mas acolheu também a obra do pintor equatoriano, reconhecendo seu devido valor. José Camón Aznar, citado no texto que publiquei no *Estado de S. Paulo*, em 1977, e aqui transcrito, apresenta Guayasamín e interpreta a essência de sua obra:

> A simplicidade das formas, de um dramatismo sem ação, com gritos petrificados e mortos eternamente insepultos. Nestas obras, há apenas volume. As superfícies são planas, os relevos se alisam, os perfis se destacam com seca rigidez. E umas cores, que não alteram as atmosferas, situam estas obras em uma perenidade sem história.

Para Aznar, a arte do pintor equatoriano elimina tudo que é acessório para que ninguém se distraia diante do amplo e seco dramatismo de suas formas. "Apurando a expressão, mas significando os ritos, talhando em cada figura uma só emoção, chega assim ao paroxismo. As composições se descolam como frisos que alcançam, por sua intensidade expressiva, um valor simbólico." Por isso, o autor valoriza a obra de Guayasamín como a sábia conjugação "da mais esquemática e abstrata simplicidade com o humanismo mais dramático". Para quem pretenda acusá-lo de simplificação pictórica, Aznar adverte: "Seu esquematismo não é consequência da economia de problemas pictóricos, mas a necessidade de encontrar em cada ser sua definição atemporal. Uma arte silente e calcária, em que os dramas ficam, por isso, plasmados em suas formas mais inalteráveis e enxutas".

Guayasamín deixou uma herança pictórica de ditadores e de vítimas do século 20, "A idade da ira", com a mesma marca – o traço essencial dos arquétipos humanos. Também aí quem escreve nos anos 70 do século passado profetiza a perenidade sem data histórica. Aznar, ao mergulhar na Guerra Civil Espanhola (1936-1939), um dos temas do equatoriano, se detém no perfil do fuzilado. Mas tanto essa como outras vítimas do tempo de vida e viagem de Guayasamín saltam da obra do artista, não como panfletagem realista, mas como arquétipos da emoção profunda. A fuga da cor, o predomínio do preto, remete ao dolorido espanto ou, nas palavras de Aznar, à "consciência tenebrosa da injustiça e da dor humana". O autor testemunha a presença do equatoriano na Bienal de Cultura Hispânica em Madri (1970) e a introdução da "Idade da ira" em vários espaços europeus, como "a dor funérea, de impressionante solidão insuperável". A Europa entendeu e premiou o índio mestiço no tempo justo da presença do artista e da obra em processo de criação.

Passaram-se mais de três décadas, o artista morreu junto com o século 20, mas as luzes acesas pela exposição do Memorial da América Latina, de 10 de abril a 11 de maio de 2008, fizeram retornar Oswaldo Guayasamín. Dessa vez perante o espectador brasileiro. O olhar de encantamento da jovem artista paulista Renata Bueno que o descobre no século 21 atesta mais uma vez a radiância perene. Renata confessa: "Ao deparar com as 31 telas e 20 gravuras do artista equatoriano expostas no Memorial da América Latina, uma explosão de sentimentos floresce". Ela reconhece uma clara relação com a obra de Picasso, com artistas brasileiros como Portinari e com a própria arte pré-colombiana. Mas não é só isso que chama a atenção. Para Renata, o pintor merece uma qualificação mais incisiva: "Forte, gestual, intenso, único".

No primeiro contato com Guayasamín, a artista brasileira o reconhece como "dono de uma materialidade que convida o espectador a olhar mais de perto, se embriagar nas sobreposições de tinta, nas massas com textura, nos pretos de fundo que retornam à frente do quadro quando a cor é riscada, cortada – algo que lembra Kiefer em cada detalhe das pinturas". Uma das obras que veio ao Brasil, *A espera*, um políptico de oito partes, preenche para Renata Bueno "o espaço de sentimento, denunciando miséria, sofrimento e dor". Nesse depoimento solidário à atemporalidade da obra pictórica, saltam "rostos que falam, mãos entrelaçadas que parecem ganhar mais dedos do que têm: pura expressão. O monocromático prevalece, alguns tons de marrom e verdes. Aí, os verdes que deixam as coisas mais sofridas. Das pessoas, os ossos mais verdes..."

Mas a exposição não para por aí. "O artista, pintor, permite a entrada das cores mais quentes ao longo de sua vida. E junto com as cores vêm a delicadeza, uma esperança." Não passa despercebida a Renata a figura feminina, que, se em outra etapa da obra "parecia gritar e chorar, ganha com a cor, na fase posterior, novos significados; um resultado menos dramático, mais alegre". Sutilmente, observa: "O gesto continua marcante, mas não corta mais a tela, acaricia". O que a faz acentuar: "O desenho permeia toda a exposição".

Na roda do tempo, no encontro de sensibilidades de várias gerações, "um convite ao olhar e a todos os outros sentidos humanos". Renata Bueno "sente até mesmo o cheiro dessa tinta viva de que Guayasamín impregnou a arte latino-americana".

Por tudo isso, Oswaldo Guayasamín, não tema:

As luzes não se apagarão.

Diário de Moscou

> *O Estado de S. Paulo*, agosto de 1983

Lisboa, segunda semana de junho de 1983, preâmbulos. Saio da Embaixada da União Soviética preocupada. Não chegou o telex do Brasil confirmando que sou convidada do XIII Festival de Cinema de Moscou. Deixei São Paulo a 10 de junho e o convite estava verbalmente formulado pelo representante do festival no Brasil. Como tinha três semanas de trabalho em Portugal, o visto e demais providências seriam encaminhadas por Lisboa. Caminho em direção ao metrô e, no sentido inverso, vem vindo um senhor idoso, de boné. Ao cruzar por mim, me diz: "Oh! Não pense nisso!" Vai adiante, naturalmente, e eu fico a rir sozinha. A simpatia surte efeito imediato: no dia seguinte, liga-me um funcionário da Embaixada da União Soviética, Victor Pilipenko, e tenta me acalmar. Decidem consultar diretamente Moscou, não esperar mais pelo telex do Brasil. Confiam na minha informação de que estava convidada, resolvem ultrapassar a barreira burocrática criada pelo Rio de Janeiro. Em três dias, a resposta de Moscou: tudo bem. Pilipenko, como o velho português solidário nas ruas de Lisboa, se comunica comigo na maior simpatia e disponibilidade: o visto de entrada é imediatamente liberado e sou encaminhada à Aeroflot com recomendação para conseguir desconto na passagem Lisboa/Moscou/Lisboa. Pilipenko ainda vai ao aeroporto, no momento do embarque, para saber se estava tudo em ordem e me apresenta aos portugueses que vão para o festival. Entro no avião otimista e com a alma leve, sem preconceitos.

Moscou, chegada à noite, 5 de julho

O aeroporto de Moscou tem ares supersônicos, *design* moderno na decoração, como um aeroporto da Escandinávia, da Suíça ou dos Estados Unidos. Apenas o ritmo é outro. Só para a verificação do passaporte são necessários 15 minutos ou mais e muitos confrontos entre a foto e a face do estrangeiro. A vistoria das malas também é lenta e rigorosa. A dois dias da abertura do festival, nenhuma comissão de recepção. Reclamo por ela. Tempo perdido, porque ninguém fala inglês nem se preocupa em encaminhar os quatro convidados que chegam neste voo de Lisboa. Uma palavra de insistência – festival –, por coincidência com a mesma sonoridade em russo, termina por resolver o problema. Saímos do aeroporto em um carro que nos leva para o Hotel Rossia, no centro de Moscou, em frente à Praça Vermelha, onde acontecerá a mostra competitiva de longa-metragem e onde ficarão hospedados mais de dois mil convidados do mundo inteiro. São quase 11 horas da noite e ainda não escureceu. Após todas as formalidades – inscrição no festival, crachás para circular no hotel e na cidade (a verdadeira identidade, porque os passaportes ficam retidos), bilhetes para refeições (lembro dos festivais de Gramado) e escolha de quarto nesse imenso hotel de quatro alas, com portarias independentes, organizado por andar e não por ala, várias caminhadas de um setor para outro, finalmente chega-se a bom termo: a bagagem é colocada no apartamento e se aprende a primeira aula de cotidiano, que é a de sentir fome, porque viajou seis horas de Lisboa com apenas uma refeição no avião, e não ter absolutamente onde comer. Todos os restaurantes do hotel e da rua estão fechados após as 23 horas. Os portugueses, que não são marinheiros de primeira viagem – afinal, as grandes navegações começaram no século 14 –, sabem disso e trouxeram bolachas para a emergência. Quem salva a situação é a recepcionista do 12º andar (onde me alojo), que, diante de meu desânimo, abdica do sanduíche que há pouco recebera para passar a noite e o entrega com um sorriso, gestos e muitas palavras ininteligíveis.

Um dia de explorações: 6 de julho

Quem disse que só no Brasil tudo se organiza na última hora? É preciso estender esse estigma à União Soviética. O XIII Festival de Cinema começa no dia 7, mas ainda há muita coisa no ar. Chegam delegações de vários países, malas por toda a parte no *hall* da ala principal do festival, não aparecem intérpretes, os cartazes dos filmes em competição ainda não estão arrumados nem os serviços informativos montados, desconhece-se a localização da sala de imprensa. No caos e em meio à babel de línguas, a opção é explorar o campo por conta própria. O Hotel Rossia, esse é impossível de domar em menos de três dias. Após as primeiras aproximações, resta a amplidão da cidade. Estritamente controlado por guardas vestidos à paisana com uma faixa vermelha na manga, o hotel é inacessível para visitantes locais, mas os estrangeiros munidos do crachá do festival têm livre trânsito nesta área e também em Moscou.

Um dia livre na Praça Vermelha, no centro, nos mercados, restaurantes, nas lojas, sorveterias: algumas sensações que se confirmarão mais tarde – a beleza da praça; a solenidade encenada do mausoléu de Lênin; as multidões constantes; a fila que não cessa das 9 às 13 horas, fila inacessível para os afoitos de tão imensa que permanece; as ruas apinhadas e os mercados e lojas com gente saindo pelo ladrão. São oito milhões de habitantes e dois milhões de visitantes que circulam anualmente em Moscou. Desses visitantes, apenas 400 mil estrangeiros. Os demais vêm de todas as repúblicas da URSS. O que parece é que todos estão comprando nas austeras lojas de Moscou. Também, como não consumir? A poupança média dos soviéticos é duas vezes e meia maior que o produto nacional bruto. Para se comprar um sabonete – das três ou quatro marcas que existem –, é preciso disputar no cotovelaço com multidões diante dos balcões das caixas (que não são caixas e sim ábacos). Gente forte, com aparência saudável, colorida. Esboça-se uma primeira impressão: as mulheres soviéticas, embora tenham uma oferta de vestuário bastante rude, incrementam – por conta de sua imaginação e estilo individual – a aparência com que se apresentam, vaidosamente, nas ruas. Uma grande variedade faz com que a moda fique por conta e risco de cada indivíduo.

Começa o Festival, 7 de julho, 18 horas

Aproveitei a manhã para iniciar a *via crucis* em busca de um meio de comunicação com o Brasil. Preciso de telex para trabalhar. No próprio festival, nem a sala de imprensa está montada. Dos contatos que faço com os intérpretes que começam a se apresentar, indago do centro de comunicações, da agência Tass. Um dia de prazo para resolver o assunto me é pedido.

A Sala Central de Cinema do Hotel Rossia se ilumina pontualmente às 18 horas para a grande abertura. Uma sala com 2.500 lugares, cada cadeira com fones de ouvido e cinco canais para tradução simultânea do russo para o inglês, francês, alemão e espanhol. No palco, as autoridades, os júris de longa-metragem, de curta e de cinema para crianças, muitas flores vermelhas, bandeiras e luzes, luzes dos candelabros funcionais que, como todo o cinema, se inspiram no *design* dos anos 50. Lotados a plateia e os balcões com a presença de representantes de mais de 100 países de todas as latitudes, sistemas e ideologias, abre-se o XIII Festival de Cinema de Moscou (bienal) com a ênfase voltada para o lema: "Paz e Humanismo". Na mensagem enviada pelo senhor Yuri Andropov, fica definitivamente impresso o tipo de cinema que se deve prestigiar, "aquele que promove a paz e a cooperação nas relações internacionais".

Aos rápidos discursos se sucede a apresentação dos jurados internacionais. Desta vez, o Brasil está ausente. Há dois anos, quando o filme de João Baptista de Andrade, *O homem que virou suco,* saiu premiado, havia a presença do Brasil no júri. A festa da abertura tem um intervalo. Todos se dirigem às salas externas, onde um grande coquetel está servido. Só que, para surpresa dos brasileiros, tudo se paga – da Fanta ao champanhe, do sanduíche ao caviar. Pagam os convidados do festival e pagam as próprias autoridades soviéticas. Culmina-se a festa de abertura com a exibição do filme *Os eleitos*, de Sergey Solovyey, uma coprodução soviético-colombiana. Fora de concurso, esta realização é um mau começo, tanto pelo tema mal resolvido (um alemão que, durante o nazismo, se exila na Colômbia) quanto por sua estrutura narrativa. Aos ambientes colombianos que aparecem muito distantes da realidade se superpõe a fotofobia de um papagaio que é motivo para apagar a luz na hora do amor – as sensibilidades mais críticas reagem negativamente. (Essa supercoprodução contemporânea da indústria cinematográfica soviética é um prenúncio de esquemas medíocres de mercado anunciados nos numerosos catálogos das produções do Leste Europeu.)

Maratona do telex, 8 de julho

Duas Natachas, dois Andrés, um Alexandre e Igor, único (figura ímpar que inspira de imediato a Paulo Aragão, da produtora dos "Trapalhões", uma coprodução – *O militante Trapalhão*). Estes os intérpretes que são colocados à disposição, falando português. Deles, três exercem a profissão de jornalista. Pois nenhum deles consegue resolver o meu problema, agora já neurose: telex para mandar matéria para o Brasil. Percorro os canais competentes: festival e o imenso hotel Rossia; o Mercado de Filmes, outro gigantesco prédio da Sovexportfilm, repleto de salas de negócios; tento a Tass e o Centro de Comunicações. *Niet.* O que me dizem: não há canais diretos para o Brasil; minha franquia, explícita para a União Soviética, não me dá acesso a nenhum telex. De teimosia, desligo-me, por conta própria, do festival e dos intérpretes, saio sozinha em busca de solução.

Ao descobrir o endereço da agência inglesa Reuters, lá vou eu brigar pela possibilidade de trabalhar. E custa caro, porque só cedem a meus apelos após eu barganhar uma remuneração para o operador enviar a matéria em português. Há também a pressão constante para transformar meu trabalho em telegramas mínimos. Cada linha a mais de informação é um verdadeiro parto nas negociações.

Mas vale trabalhar contra as condições. Passo a usar metrô, a me perder nas ruas de Moscou, a cansar de esperar táxi na chuva, a pedir carona, a me submeter a todos os temperamentos russos – desde os mais grosseiros e impacientes, aos irônicos ocupantes de um carro oficial que, em plena chuva e eu perdida, me mandam comprar um guarda-chuva, até os sorridentes que, na rua, ensaiam sua cantada ao estilo Leste Europeu. Gente de todos os feitios, comportamentos muito próximos aos da hoje consumada aldeia global.

E começo também a maratona de cinema, a jornada pesada para dentro das cinematografias mundiais. Opto pelo filão mais importante, porque seria humanamente impossível acompanhar tudo neste festival. A mostra competitiva de longa--metragem, essa faço questão de ver inteira, dois filmes à tarde e dois à noite. Impossível seguir a outra, a de filmes para crianças, bem como acompanhar as retrospectivas de Fellini, Resnais, Stanley Kramer. Observo também algumas cenas do Mercado de Filmes, paralelamente ao festival, e sinto o clima de feira, de comercialização. Peso esmagador sobre as mostras competitivas: o importante é vender. Comprar, de quebra: é o troco. Esboçar coproduções também é oportuno, porque há muito dinheiro em jogo na potente indústria cinematográfica do Leste.

No primeiro dia da mostra de longas-metragens, desfilam Finlândia, Tunísia, Polônia e Índia. Começa o extenso painel da geografia superficial do cotidiano ou dos filmes da Segunda Guerra Mundial. *Pastoral heroica*, da Polônia, conta a história do soldado que volta ao lar e encontra a mulher com outro homem, de quem tem um filho. A "original" tragédia de guerra promete responder ao lema pacifista do festival...

Ânimo. Um bom filme, 9 de julho

Áustria, China, Suécia. Seguem as histórias pasteurizadas, os ambientes urbanos semelhantes, os cartões-postais, as *love stories*, a anatomia de uma rua ou de um bairro que vai ser modernizado. Mas surge uma luz: o filme sueco de Göran Du Rees, *O pintor*. A trama se dá em uma fábrica: o principal conflito é o de um operário que quer introduzir nas paredes frias do local de trabalho a sua pintura, a arte. Nenhuma ode demagógica à paz. Apenas a arte e a expressão da sensibilidade, lutando para abrir espaço na cena fabril. O *homo ars* tenta o diálogo com o *homo faber*.

Agora o festival já toma forma. Muitos cartazes, muitos folhetos, agitação permanente no *hall* da ala do festival. Por toda a parte a promoção das cinematografias mundiais, desenvolvidas, emergentes, semidesenvolvidas e totalmente incipientes. E nessa grande feira de produções, o cinema brasileiro está desamparado. Dos filmes concorrentes, nem vestígio. Na delegação, representando os diretores em competição, apenas Hermano Penna, perdido em meio à falta de material de apoio para preparar a exibição de *Sargento Getúlio*. A Embrafilme, presente ao festival, trata dos negócios no Mercado de Filmes e promete um cartaz do cinema brasileiro para o *hall* e o outro de *Sargento Getúlio* quando se aproximar a data (16 de julho) de sua exibição. O cinema brasileiro que conta, de antemão, com boa acolhida por parte da crítica, da imprensa, dos artistas e jovens soviéticos que acompanham todos os ciclos que lhes oferece o festival só penetra na babilônia por meio das artesanais relações humanas. Nada além do boca a boca disperso nessa multidão de cineastas, atores, atrizes, produtores, exibidores, distribuidores e críticos de cinema.

Já nestes primeiros dias, formam-se os ambientes de troca no caótico intercâmbio internacional. Não há muita opção. No campo da informação jornalística, um batalhão de repórteres soviéticos da televisão e da imprensa – jornais e revistas. (A sala de imprensa do Rossia para estrangeiros é apenas um pequeno quarto, uma mesa, um telefone, uma cama... Nenhuma máquina de escrever, muito menos telex.) O resultado dessa movimentação dos jornalistas locais: um boletim diário com a programação e entrevistas-relâmpago por filme, por país ou por vedetes; os mesmos textos extremamente sintéticos e descritivos na revista do festival e em periódicos locais; um volante – *Sputnik* – com apreciações críticas dos filmes em competições, em que nada se diz de negativo. Tudo à feição do convencional *press release*.

A comunicação interpessoal se dá ou no restaurante ou nos bares ou à noite, na única opção boêmia do hotel, o oficialmente denominado Press Bar, mas por todos conhecido como boate Decadência. O título lhe faz jus, principalmente se considerarmos o repertório musical do conjunto que repete todas as noites os mesmos rocks, as mesmas canções italianas (*Felicità*), uma única e monocórdia canção brasileira, o óbvio *Samba de uma nota só*. O fluxo de contatos não é espontâneo, as delegações por país se estratificam em mesas fixas às refeições e também na Decadência. Claro, brasileiros, portugueses, angolanos, moçambicanos, equatorianos, cubanos, mexicanos estão sempre prontos para cantar, fazer barulho, perturbar os ambientes austeros. Há os que bebem sua vodca em silêncio e mergulham em seus fantasmas e há os latino-americanos e os de fala portuguesa que, raça à parte, explodem em ruidosa espontaneidade.

Passeio a Leningrado. Domingo, 10 de julho

Trata-se de uma excursão do mundo. Os países do festival em um trem para Leningrado. O grupo brasileiro, escalado para um vagão: Hermano Penna e Lima Duarte, por *Sargento Getúlio*, Paulo Aragão e Nelson Hoineff, pela produtora de Renato Aragão, Bruno Stroppiana, produtor, e Bianca Byington, atriz (a única atriz brasileira em Moscou), pelo filme *A tormenta*, que participa do Mercado, dois representantes da distribuidora Vanguarda – Carlos Emílio Eschholz e Marcus Bolívar Leite – e dois representantes da Embrafilme, Jorge Peregrino e Rogério Pires. Pois esse grupo, que tem ampla experiência de desorganização, foi contemplado pela organização do Festival de Moscou com bilhetes em um vagão que não existia. Mas brasileiros e outros, com a mesma sorte, entram no trem de roldão oito horas, sem leito, para ser acomodados depois de dada a partida. Que grande confusão russa.

O domingo em Leningrado é regido por uma roleta turística. Vários ônibus com intérpretes em cinco línguas, precedidos por sirenes e carros oficiais, nos levam a um *tour* cronometrado: passeio na bela cidade de canais e arquitetura mais leve que a de Moscou; visita ao cemitério imponente dos mortos da Segunda Guerra Mundial, um espaço verde inesquecível e, no ar, a 7ª Sinfonia de Demitri Schostakovitch, a *Leningrado*; a meteórica entrada no Museu Hermitage, em que, para conhecer todo um acervo secular (arte do mundo inteiro) são necessários sete anos: são 2.300 salas em cinco palácios. Impressionante é também a falta de iluminação artificial em um museu rico como esse. A luz solar incide diretamente sobre os quadros através das janelas abertas, colocando em risco a integridade das obras (ao percorrer o salão dos grandes impressionistas, fiquei apavorada com o intenso sol de verão projetado de cheio nos quadros). Esse foi o programa anterior ao almoço. À tarde, um passeio de barco e a visita ao palácio de verão de Pedro, O Grande, com seus jardins, fontes douradas e o rendilhado das águas à Versailhes. Após o jantar, um show de variedades num teatro popular repleto de público local. (Em nada diferente dos espetáculos da Broadway que visitei três anos antes.)

Antes da volta, domingo à noite, e outras oito horas de trem, algumas reflexões: a beleza de Leningrado, mais do que decantada. A imponência do Hermitage, com seu espantoso acervo. A presença opressiva, em toda a União Soviética, em Moscou e em Leningrado em particular, do trauma das guerras, da morte. A cada segundo, se lembra de alguma forma, solene e tragicamente, que dos 40 milhões de mortos na última guerra, 17 milhões foram soviéticos (nove milhões e meio de civis).

Mas a vida de domingo em Leningrado se parece com a de São Paulo. Os parques cheios: senhoras, namorados, casais com suas crianças, as meninas com dois laçarotes na cabeça (como se usava no meu tempo de infância). As praias, apinhadas. Muito calor e biquínis coloridos. Algumas senhoras entram com água até o joelho para se refrescar, arregaçam as saias, sem preocupação do que possa ou não aparecer. À noite, no teatro de variedades, entusiasmo total perante um show de cultura de massa mais *kitsch* que a Broadway dos anos 20. Se Adorno estivesse lá entre os espectadores que muito se divertem, certamente refaria a análise da cultura de massa e sua alienação nas sociedades capitalistas.

Coppola, o esperado, 11 de julho

De volta a Moscou e ao festival internacional de cinema. Um dia significativo: à tarde, a oportunidade de verificar que tipo de filme pode vir da Mongólia, em contraste com a Holanda e a Iugoslávia. À noite, o grande esperado do festival – *Outsiders*, de Francis Coppola. Quanto às possíveis surpresas ou cor local da Mongólia ou de outro canto do mundo, melhor desistir. O cinema mongol apresenta a mesma história novelesca, um certo didatismo moral de algibeira a respeito do casamento, do divórcio e da vida familiar cotidiana. Tecnicamente, fórmulas narrativas que fazem dos filmes um seriado próximo aos capítulos de uma telenovela comum. Só que a telenovela sai dos estúdios globais e os filmes deste festival chegam da Índia, China, Espanha, Canadá, União Soviética.

E quanto ao filme norte-americano, que provocou o maior tumulto pela disputa de um lugar na Sala Central, é importante notar o comportamento do público russo, porque o filme não vale tanto assim. Um Coppola pirotécnico, artisticamente menor, com erros cinematográficos inimagináveis para seu pulso de diretor; e uma história já esgotada em filmes como *Juventude transviada* (1955), de Nicholas Ray. Em Moscou, a reação aos filmes do mundo inteiro e, em particular, ao cinema norte-americano, de que são fãs ardorosos, é muito semelhante à de qualquer centro urbano ocidental. Parte da sala de exibição da mostra competitiva é ocupada pelos convidados. Os lugares não são bem delimitados e há muita confusão em filmes de grande cotação como o de Coppola, porque a outra parte da sala é vendida ao público. Os ingressos para as sessões do festival foram vendidos com dois meses de antecedência, mas as pessoas batalham por conseguir, à última hora, um bilhete negociado ao estilo dos cambistas brasileiros. *Outsiders* provocou verdadeiro tumulto. Lá dentro, então, houve cineasta convidado que foi arrancado pelos seguranças do cinema para dar lugar a moscovitas com ingressos na mão.

Esse entusiasmo para assistir a um filme ocidental de fama não é absolutamente cego. O público reage com critério. Pode-se até antecipar que as manifestações dos espectadores são mais atiladas que as dos críticos locais, publicadas no *Sputnik* e, quem sabe, do que as do júri – pelo que se diz, subordinado à comissão central do festival. As pessoas da Sala Central do Rossia vaiam, aplaudem em cena aberta, explodem ou não em aplausos no fim dos filmes, abandonam ou permanecem na sala. *Outsiders*, que tanto agitou os espectadores na porta do cinema, não foi saudado com entusiasmo.

Não há fronteiras para a sensibilidade, 12 de julho

Alguém disse neste festival: "A União Soviética está caindo de madura para uma abertura". O fato é que não se pode assimilar uma estrutura tão precária com relação à informação jornalística nem o forte controle policial na relação de soviéticos com estrangeiros (e não o contrário), ou a restrita oferta de bens de consumo com tanto dinheiro sobrando nos bolsos do comprador e, principalmente, o tolhimento de viagens ao Ocidente. Uma vez resolvidos os problemas básicos – e claramente estão resolvidos – como alimentação, transporte, saúde, habitação, emprego, educação, por que manter a sociedade fechada? Os jovens respondem com revolta explícita a essa pergunta.

Um caso ocorrido neste festival ilustra o dilema. Uma jovem estudante de cinema, que trabalhava no festival, se apaixonou por um estrangeiro (participante da delegação brasileira). Estavam ambos no caminho espontâneo do amor quando a jovem foi literalmente arrancada do bar Decadência, tarde da noite – o namorado tinha ido ao banheiro. Interrogada, teve a credencial confiscada e perdeu o trabalho: foi apressadamente para casa, com a proibição de voltar a pisar no Rossia. Mais tarde, telefonou e acertou encontros fora do hotel e do festival. Mesmo com todas as ameaças pesando sobre ela, disse ao companheiro estrangeiro: "A vida vale pelo risco".

Intérpretes, artistas e críticos de arte que se aproximam para o diálogo, o intercâmbio, são pessoas muito sensíveis, com profundo repertório cultural, abertas à análise da sua e de outras sociedades. Entre os privilegiados, os estudantes de cinema, por exemplo, têm acesso a um arquivo completo reunindo tudo que se filma no mundo inteiro. Conhecem e se interessam por arte. Não curiosidade doentia, porque já passou essa fase, mas real tentativa de compreensão, de pontos de contato. Um chargista quer saber dos chargistas brasileiros. Alguém estuda o teatro brasileiro, em português. Outro está tentando traduzir as letras de Milton Nascimento, Chico, Caetano, porque os soviéticos gostam muito das músicas e querem cantá-las em russo. Pedem material do Brasil, para ser enviado por correio. Chegará? Fornecem endereços de organismos ou de veículos de imprensa. Numa redação de revista de arte, leem publicações brasileiras que chegam normalmente.

O Ocidente está dentro da União Soviética. Não só nos carros, na Fanta, o refrigerante mais popular, nos jeans que imitam os dos turistas – tão cotados ainda hoje nas ruas de Moscou –, como também nos comportamentos de consumo, nos valores dos jovens, nas expectativas de viagem e nos sonhos individuais. O Ocidente está aqui dentro porque as relações comerciais correm soltas. Esta semana, 60 empresários brasileiros tratam de negócios com parceiros soviéticos. No Mercado de Filmes da Sovexportfilm, as secretárias soviéticas vestem modelos Christian Dior.

Trapalhões na liderança, 13 de julho

Bolívia, com mensagem piegas: um caminhoneiro, seu cão e o moleque que se agrega e morre salvando o cachorro na estrada. Iraque e os petrodólares: uma superprodução de dois milhões e meio de dólares contando a história da guerra dos ingleses (com grandes atores ingleses contratados para o filme) e os árabes. O já visto dos anos 50. Vietnã, com mais uma saga de comunidade e/ou rua, peripécias e peripécias do seriado Moscou-83. Um romance de Madame Delly vem do Canadá; a jovem pobre que se salva e salva a família pelo casamento com um rico. (Do filme canadense, se destacam as atrizes, sobretudo a mais jovem, muito cotada todas as noites no Decadência.) Depois, o musical brechtiano da Alemanha Oriental, em que metade do público debanda do cinema. Um épico maniqueísta, realização do Marrocos para mostrar, com maus atores e mau cinema, o *apartheid* na África do Sul.

Mas nesse mar de lugares-comuns se salvam, nos últimos dois dias, o filme australiano e o húngaro. A Austrália, que luta por firmar sua indústria cinematográfica, já desponta com certo prestígio. O *Inverno de nossos sonhos*, de John Duigan, não pretende ser nem épico-pacifista nem lírico-sentimentaloide, mas traça um denso perfil de uma drogada, acentuando mais o aspecto psicológico e existencial do que o clínico.

Quando um filme assim emerge da vala comum da falta de criatividade, pode até nem ser excepcional, mas todos saem comentando e as esperanças se renovam. O húngaro *Ensaio noturno*, primeiro longa-metragem de Miklós Szurdi, um diretor sem pose de gênio, comum mortal no festival, agradou justamente pelo controle de uma narrativa fragmentada. É difícil suceder filmes como *Mephisto* (toda a produção cinematográfica da Hungria parou durante um ano para que se concentrassem recursos nessa obra-prima de 1981, dirigida por István Szabó), mas, ao fim e ao cabo, *Ensaio noturno* se destacou no XIII Festival. O filme é, no fundo, um laboratório de teatro que tenta iludir um dramaturgo à morte com o ensaio de uma peça proibida que finalmente seria encenada. Mas isso não acontecerá e monta-se uma farsa para dar ao moribundo a última alegria. Nesse processo, desenvolve-se uma grande neurose entre atores e diretor de cena.

Se, no cinema, a arte vai mal quanto à criação, no Mercado de Filmes, para o qual partem ônibus superlotados, os negócios parecem ir muito bem. Os corredores e salas inacessíveis do prédio da Sovexportfilm são o testemunho discretíssimo de que ali se vende muito em termos de Leste Europeu, se armam coproduções e trocas com o Ocidente, de preferência com Estados Unidos, Itália, França – os alemães ocidentais, estremecidos, não compareceram –, distribuem-se promessas para os latino-americanos e africanos, doam-se alguns equipamentos para cinemas totalmente precários, que ainda não começaram, como o de Cabo Verde e, principalmente, se faz muita promoção da potente indústria cinematográfica soviética. O Brasil, perdido nesse labirinto de contatos que já vêm de muito tempo e que passaram por outras feiras como Cannes, tenta vender seu lote de filmes. Para isso, há uma salinha de exibição com 17 lugares. Os programas são precariamente anunciados, nem sempre os rolos chegam na hora acertada (culpa da organização central), uns têm legenda em francês ou em inglês, outros, como *Sargento Getúlio*, o representante brasileiro da mostra, estão sem legenda. Compradores no público dessas sessões, poucos. Os fregueses são mesmo os intérpretes, que aproveitam para ver os filmes brasileiros, já que não têm acesso às grandes mostras competitivas. Nessa precariedade toda, o sucesso fica por conta do lazer dos Trapalhões. Paulo Aragão, irmão de Renato Aragão, foi a Moscou investir nas negociações e não saiu do Mercado de Filmes. Para sua satisfação, até consegue esboçar a possibilidade de uma coprodução – *O cossaco trapalhão*.

A lei do mercado, sem ideologias: 14 de julho

O momento mais simbólico da grande feira que é o Festival de Cinema de Moscou aconteceu no momento anterior à exibição de *Outsiders*. Como de praxe, anunciada a equipe do filme presente, esta sobe ao palco e recebe aplausos e flores. Coppola, aguardado ansiosamente, não veio, porque tinha estado na União Soviética a trabalho pouco antes do festival. Então, quem recebeu vários cravos vermelhos foi o poderoso capo da indústria cinematográfica norte-americana, Jack Valenti. São esses os cravos que dão o tom ao festival.

Por outro lado, um dos membros do júri de longa-metragem, o famoso roteirista italiano Cesare Zavattini, proclama a pobreza artística da criação cinematográfica. Um desfilar de acontecimentos típicos, diz ele, a respeito do que considera uma crise geral de criatividade e expressão. O programa, hoje, não foge à regra. Mais uma dose de receitas: o épico maniqueísta do chileno Miguel Littin, ao tratar da guerra da Nicarágua, é matizado pelo pieguismo do personagem principal. O garoto Alcino quer ser condor, sobe numa árvore, se atira e passa a guerra inteira como um triste *voyeur* corcunda. Para equilibrar esta superprodução patrocinada por vários países latino-americanos (Cuba, México, Nicarágua e Costa Rica), um filme suíço, prêmio de resistência para os espectadores. A ação não sai da cabeça de um desajustado suíço e não progride um minuto na narrativa de uma hora e meia, em que o protagonista tenta em vão equilibrar um lápis na posição vertical, no laboratório de matemático com que nenhum cientista teria cumplicidade com a metáfora. À noite, em compensação, assiste-se a outro grande cartaz do festival, o francês *Les misérables*. Em quase três horas de projeção, Robert Hossein impinge ao público página por página, capítulo por capítulo, o famoso e já muito abordado romance de Victor Hugo.

Uma semana de overdose de cinema e muitas frustrações. Cresce, no entanto, a expectativa em relação ao filme brasileiro. Hermano Penna tem sido muito procurado pela imprensa local, por críticos e alguns artistas que querem saber do cinema brasileiro e de *Sargento Getúlio*.

A linguagem universal e a rotina, 15 de julho

Para quem pretende visitar Moscou: desista de se comunicar em inglês ou francês. Se tiver sorte, poderá encontrar um estudante latino-americano que quer trocar rublos por dólares para a volta iminente a seu país de origem, e fala espanhol, de repente, nas ruas. O mais seguro é visitar a União Soviética por meio de um pacote turístico ou de um congresso, de um festival, em que os intérpretes – quando sua atuação funciona – servem de intermediários. Se for uma missão comercial ou visita oficial, o tratamento é vip. O problema não é o controle sobre sua pessoa, a ameaça de que seus passos possam ser seguidos. A barreira é esse alfabeto indecifrável, essa língua completamente estranha. Para salvar a situação, só me munia de três palavras mágicas: hotel, Rossia e festival. As três soam com a mesma música em russo e em português, desde que as consoantes iniciais sejam bem enunciadas.

Mas o incrível é falar em português, o interlocutor falar em russo, e nos entendermos. Assim acontece na mesa com o garçom, com a camareira, ou na rua para pedir uma informação. Bicho homem se comunica de qualquer jeito. É preciso, claro, ter certa dose de esportiva e humorismo. Não só para as questões de língua como para outras rotinas do cotidiano. Por exemplo: não adianta se irritar com os choferes de táxi que, com chuva ou trovoada, passam ao largo. Afinal, são funcionários públicos, trabalham quando querem durante o dia e, a partir das 9 horas da noite, então sim, tratam a corrida fora do taxímetro, cessou o expediente do Estado, são donos da livre iniciativa. Também não se pode exigir que as camareiras limpem os quartos de hotel todos os dias, nem que troquem a roupa de cama. Depende de humores e do volume de serviço. Em um festival, o melhor é deixar rolar, porque é muita gente, gente exótica e louca. Papel higiênico em locais públicos, restaurantes, teatros e cinemas, desista. Leve consigo, do Ocidente, lenços de papel fino, se quer um tratamento mais delicado. Mulher, essa sim, passa mal todos os meses. Não há equipamento para o ciclo menstrual (deve ser considerado supérfluo pelos homens que ditam as regras das linhas de produção industrial). Os famosos vinhos da Geórgia têm sabor avinagrado e dão dores de cabeça. Vodca e caviar são bons, mas muito caros. A comida, farta e barata, tem altos e baixos: um iogurte ótimo, boa manteiga, pão preto puríssimo, café péssimo, saladas sem nenhum tempero, carne bovina e galinha preparadas com muita gordura, a batata sempre fiel acompanhante do prato principal, sorvetes muito bons, frutas raras e caras, pouca imaginação na variedade de pratos e no modo de fazer. Há restaurantes alternativos das diferentes repúblicas soviéticas, e Moscou, no seu cosmopolitismo, oferece também opções de outras culinárias do Oriente. Não há bares na calçada, muito menos botecos. Às 23 horas fecha tudo, ficam só os "Decadências" dos hotéis internacionais. Aviso importante: cuidado com o passaporte, que é o objeto mais cotado pelos ladrões. Ouro, dinheiro até em dólares, essas coisas são absolutamente seguras de se deixar no quarto do hotel, mas passaporte já muda de figura. Com ele, um cidadão soviético pode, se tiver sorte, deixar o país sem encrencas burocráticas. Cuidado especial: não troque dólares, marcos ou francos no câmbio negro com o primeiro que aparece, muito provavelmente o garçom do restaurante do hotel. Pode ser uma armadilha.

O mercado negro corre solto: 100 dólares, no câmbio oficial, valem 73 rublos; no negro variam de 300 a 500. O controle, no aeroporto de Moscou, é rigoroso. Ao entrar, declara-se quanto se traz e, ao sair, os fiscais podem exigir a contagem precisa até dos últimos tostões, bem como a apresentação dos comprovantes de câmbio.

Voltemos ao cinema internacional, motivo primeiro desta viagem. Dominou hoje a América Latina. Fora um filme romeno, para variar de guerra, com muitos aleijados voltando ao lar, a Argentina compareceu com outra história de uma rua, desta vez com dedicatória e tudo. *O arranjo* começa agradecendo aos vizinhos (da rua, é claro) a colaboração para a filmagem. (Dizem as más línguas do festival que, como a Aeroflot está abrindo uma linha para Buenos Aires, este filme provavelmente leva um prêmio.) Cuba trouxe para a mostra competitiva *A rosa dos ventos*, de Patricio Guzmán, que, no festival, ficou inteiramente à margem dos próprios cubanos, que não gostam do filme nem o aceitam como representativo do país. Realmente, *A rosa dos ventos* é uma metáfora extremamente hermética das culturas americanas, misto de *Aguirre*, com *Blow-up*, *Apocalipse now* e muito Glauber Rocha mal assimilado. Finalmente, a Espanha veio com grande aparato promocional para o concorrente *Os demônios no jardim*, de Manuel Gutiérrez Aragón. Uma história de paixões e traição, com Ana Belén fazendo uma ponta. Infelizmente, *hélàs* (diriam os franceses), não acrescenta nada aos vários dossiês do casamento tradicional e dos conflitos subjacentes do homem que ama duas mulheres.

Violência à brasileira, 16 de julho

O sábado é do Brasil e da Itália. Criou-se tal clima à volta do filme brasileiro – mesmo sem a devida promoção – que a sessão de *Sargento Getúlio*, programada para a tarde, fica lotada. A Bélgica precede o concorrente do Brasil e nem a história bem urdida de uma greve que falhou segura a plateia. Quando *O inverno – 1960*, de Thierry Michel, termina, a Sala Central do Rossia está semivazia. Em compensação, *Sargento Getúlio* lota e logo na primeira cena de agressividade, por parte de Lima Duarte contra seu prisioneiro, se levantam os dez espectadores mais sensíveis e vão embora. Esta é a evasão definitiva, ninguém mais sai e, pelo contrário, muitas senhoras e jovens do público soviético permanecem na ponta da cadeira, presos a cada lance da ação. Suspiros e risos nervosos, muitos. No fim, aplausos.

O impacto do filme se alastra em vagas. A primeira reação parece ser de total perplexidade. Aos poucos se formam conceitos, se tentam explicações. Lima Duarte é encarado com respeito, ou melhor, com medo. Hermano Penna é entrevistado mais do que nunca. Querem saber da violência do filme, se existe isso na realidade brasileira, se o filme é metafórico ou naturalista, se uma alegoria ao momento político ou uma simples descrição da crueldade de uma cabeça, a do sargento Getúlio. Hermano Penna, tenso, cansado, dá pela milésima vez as chaves de seu personagem e do personagem do romance de João Ubaldo Ribeiro. Não se conforma que não compreendam a dimensão ambígua do sargento Getúlio, que não vejam nele o humanismo em conflito, o bem e o mal em luta na mesma alma, torturador e torturado em um monólogo angustiado, muito distante das obras maniqueístas (frequentes neste festival). Tudo em vão, ou quase em vão. Afinal, artistas soviéticos, críticos latino-americanos, portugueses e alguns africanos de fala portuguesa entenderam o filme, vibraram com ele. O escritor angolano Luandino Vieira se delicia com a linguagem, saboreia cada frase, cada uso regional. O crítico português Salvato Teles de Menezes não deixa por menos: o cinema brasileiro começa com *Sargento Getúlio*. (Faz lembrar o que outro crítico disse, um mês antes, no Brasil: Hermano Penna realizou o que o Cinema Novo não conseguiu realizar.) Já os europeus, sobretudo os do Leste, armam-se para não aceitar o filme. O que pode ser resumido no diagnóstico de um tcheco, diretor de cinemateca e velho entusiasta do cinema brasileiro: *Sargento Getúlio* mostra um diretor talentoso, mas a violência do personagem é gratuita. Para um humanista, inaceitável. Diante da pergunta sobre o processo dialético da consciência de Getúlio, ele responde que não percebeu, só viu os traços de crueldade. O que soa como o atestado de óbito para a premiação: *Sargento Getúlio* é incompatível com o lema do festival. Sobra a indiscutível interpretação de Lima Duarte.

Talvez de propósito, à noite, um grande intervalo de lazer. Após o filme búlgaro – *O equilíbrio* –, é a vez de uma comédia italiana dirigida e interpretada por Alberto Sordi, com a presença dele, de Nino Manfredi e de toda uma trupe italiana no palco da Sala Central. Mais um ibope de público para o festival, atropelos e disputa de ingressos. Sordi na tela e ao vivo, a mesma figura clássica, de terno branco e flor na lapela. Todos riem muito com *Eu sei que tu sabes que eu sei*, na mais absoluta mesmice das comédias italianas. A única frustração nesse programa do festival é o não comparecimento muito anunciado de Monica Vitti.

A noitada do Decadência ganha a agitação de brasileiros e italianos. Grande parte dos latino-americanos se une à festa do Brasil e, para variar, se discute *Sargento Getúlio*.

Lhamas e raio laser, 17 de julho

O domingo é de sol e de circo. Parte do grupo brasileiro consegue ingresso, com antecedência, e vamos assistir ao Novo Circo de Moscou. O encantamento, a mágica, o sonho de infância toma conta dos crânios saturados de fórmulas cinematográficas.

Entram em cena, fazendo o impossível, animais nunca vistos no picadeiro: lhamas, emas, avestruzes, cangurus, zebras, jegues, jumentos, dromedários, garnizés, carneiros e, de tradicional, apenas o urso, só que como equilibrista no arame. O palhaço, sem máscara de palhaço, é o artista completo: comediante, malabarista, equilibrista, mágico. Seu poder de comunicação arrebata crianças, velhos e moços. As meninas de laçarotes na cabeça viajam no mundo lúdico de suas palhaçadas. Há também o desenhista que faz caricaturas de rostos anônimos do público, mesmo com os olhos vendados. Os equilibristas montam pirâmides humanas. Aí acontece o ponto culminante da primeira parte do espetáculo: o trapézio. Não aquele trapézio que se movimenta no espaço, mas dois retângulos fixos, bem separados, e quem se movimenta são os trapezistas que cruzam os ares. Se dão ao luxo até de brincar, fazer humorismo e traquinices nas alturas. O melhor trapezista é um palhaço do trapézio que, literalmente, dá a volta por cima, finge que desaba das alturas e de forma milagrosa se sustenta no ar.

A segunda parte é espacial. Mágicas com raio laser, multimídia (cinema, televisão, telefone, máquinas mil a serviço da mágica). Projeta-se nas telas de cinema um filme em que um motociclista é perseguido pela polícia nas ruas de Moscou. De repente, a moto anda sozinha porque o motorista some magicamente. Lá pelas tantas a corrida da moto-fantasma sai da tela e entra no picadeiro. Em outro momento, o mágico desaparece e desce um óvni do céu, com o mágico lá dentro. Tudo em um cenário preto e branco, de acrílicos e cetins, únicos indicadores tradicionais do mundo da mágica.

Lima Duarte, que não se cansa de contar que começou sua carreira no circo, junto à mãe, artista mambembe do interior das Minas Gerais, delira diante do profissionalismo desta que é a mais importante escola (universitária) de circo do mundo. E o Novo Circo, em fase de lançamento, recria, renova o que ainda não tinha sido inventado. Saímos leves, apaziguados com nossa infância. A construção, em forma de circo tradicional, um misto de estádio de esporte e de teatro, confortável, se esvazia rapidamente pelas várias saídas. Todos se dirigem ao metrô e, em cinco minutos, mais de cinco mil pessoas já sumiram na larga e arborizada avenida.

E os resultados dos negócios? 18 de julho

Já está na hora de se fecharem negócios, termos de compromisso, cartas com perspectivas (mediatas), promessas etc. No prédio da Sovexportfilm – moderno, com aços e vidros esfumaçados, árvores de plástico e um enorme relógio em que, à hora certa, um galo canta e bate asas (projeto arquitetônico, dizem, de norte-americanos), as antecâmeras de negociação já esgotaram os conchavos.

A Embrafilme, por intermédio de Jorge Peregrino, anuncia uma venda à União Soviética de 760.000 dólares – oito filmes brasileiros. Mas eles impõem certas condições. Pela primeira vez, querem reciprocidade. Pagam 400 em *cash* e o restante em filmes soviéticos para serem distribuídos no Brasil. Como a Embrafilme não pode se comprometer com essa distribuição, serve apenas de intermediária, passará para distribuidores privados os direitos de exploração dos filmes russos. Quanto aos brasileiros, informações imprecisas. Peregrino afirma que dos oito filmes, certamente dois serão dos Trapalhões. Dos seis que Paulo Aragão tentou vender diretamente e, depois, acoplado à Embrafilme, dois parecem certos: *Os saltimbancos trapalhões* e *O cangaceiro trapalhão*. Entre os demais, que ainda serão selecionados (por várias comissões), Peregrino também considera segura a compra de *Sargento Getúlio*. Na realidade, tudo ainda fica muito fluido, pois nem os seis da compra do último festival, em 1981, foram decididos. Anda Jorge Peregrino às voltas com os dois últimos dessa leva, a ver se consegue colocar *Pra frente Brasil* e *Eles não usam black tie*, da safra de 81.

O Mercado de Filmes de Moscou é, sobretudo, importante para a indústria cinematográfica do Leste Europeu. Uma vitrina para exibir a maciça produção de um organismo potente que se irradia de Moscou a várias repúblicas da União Soviética. O organograma central se apresenta assim: ao departamento de relações estrangeiras se submetem a Sovexportfilm (que compra e vende filmes), a Sovinfilm (que presta serviços técnicos e artísticos às coproduções de filmes) e a Sovinterfest (que organiza festivais internacionais e exposições). Anunciam-se muitas possibilidades de coproduções, porque dinheiro não falta. Resta saber, quando o Brasil entrar nessa órbita – e os mais próximos da possível coprodução são os Trapalhões, com *O cossaco trapalhão* –, a que condições técnicas e temáticas terá de se submeter junto às tantas comissões artísticas e pedagógicas que examinam os projetos.

A julgar pelas produções atuais, o cinema soviético não é mais aquele que fez escola internacionalmente. *Vassa*, de Gled Panfilov, o único concorrente soviético (da Mosfilm) na mostra de longas, é uma cansativa adaptação de um texto de Górki, teatro filmado, repleto de incorreções cinematográficas (até mesmo nos contrastes de cor de uma sala, o palco permanente do filme). Mas a atriz principal, considerada por todos como um verdadeiro monumento – Inna Churikova – segura a narrativa pelo texto e pela interpretação. Este foi o filme nacional da mostra e, como não podia deixar de ser, exaltou o público local, que aplaudiu com total paixão.

No domingo à noite foi exibida outra adaptação clássica, *Dr. Faustus*, de Franz Seitz, representando a Alemanha Ocidental. A recriação não fez ninguém delirar, como no caso da fita francesa inspirada nos *Miseráveis*, de Victor Hugo. Neste quadro do grande mundo cinematográfico ocidental, se destacou – sem maiores lances – o filme da Inglaterra, *Frances*, de Graeme Clifford, narrando o processo de neurose e loucura de uma atriz. Jessica Lange, nesse papel, despertou grande entusiasmo. Em compensação, o filme japonês – *A cidade natal*, de Seijiro Koyama – decepcionou os velhos fãs da arte cinematográfica desse país. O filme entra no rol dos cartões-postais (propaganda da Fuji, dizem as más línguas) e do pieguismo, ao colocar em cena o velho mais velho da história do cinema e martelar sobre sua decrepitude durante quase duas horas.

Definitivamente, cor local, cultura de raízes e originalidade andam escassos no mercado cinematográfico. Por isso, ganhou simpatias um filme que veio de Angola. Em preto e branco, *Nelisita*, de Rui Duarte, conta, com técnica tosca, o mito da criação e da sobrevivência de uma cultural regional do interior de Angola. Uma cinematografia nascente, que vai ao encontro de suas fontes e não faz média com os enredos pasteurizados da pseudoficção que inunda as telas.

Os últimos suspiros de impaciência, 19 e 20 de julho

Quem aguenta a repetição dos esquemas narrativos em filmes do Egito, da Colômbia, da Nova Zelândia ou da Grécia? Ou, então, os épicos revolucionários como os do México ou da Argélia? A reflexão toma conta das sensibilidades artísticas que não estão aqui preocupadas apenas com o Mercado de Filmes. Zavattini tem razão: vivemos uma crise de criação no mundo contemporâneo.

A União dos Cineastas da União Soviética anunciou para estes dois dias um simpósio (pomposo como a palavra) sobre cinema internacional. No prédio dos membros dessa classe, o auditório está quase vazio. No palco, uma tribuna de soviéticos solenes e um microfone à disposição dos simposiarcas. Sucedem-se delegados de várias partes do mundo, em geral representantes de institutos de cinema nacionais. A ladainha dá sono: o cinema a serviço da paz, a história das lutas de cada cinematografia para se firmar e para vencer as dificuldades de ordem econômica, o significado deste intercâmbio em Moscou. (Mas o intercâmbio corre, no simpósio, sem qualquer debate ou participação da plateia.) Em meio a essa solenidade sonolenta, uma voz curta e grossa – a do escritor italiano Alberto Moravia, que se recusa a fazer a laudatória do cinema engajado ao pacifismo. "A paz reside na autoexpressão do artista. Toda a expressão, todo o estilo é amor. Amor à vida. A arte, quando é realmente arte, é sempre positiva."

E, por falar em pacifismo, o momento apoteótico do XIII Festival de Cinema de Moscou ocorreu esta noite, quando terminaram de ser exibidos os filmes concorrentes de longa-metragem. Fora de concurso, a sessão de gala de *Ghandi*. Ontem houve também uma prévia do filme de Sir Richard Attenborough para a imprensa local. Nas duas sessões, um Deus nos acuda. As pessoas atacam na rua a ver se algum dos convidados do festival tem ingresso sobrando. E fica outra das muitas interrogações: como em um país onde não há publicidade para um produto como *Ghandi* espalha-se tal expectativa, tal sede de ver um filme que ganhou oito Oscars?

Amanhã serão anunciados os prêmios do festival. O Demência ferve. Todos procuram saber o resultado da reunião do júri que acabou às 11 horas da noite. O cineasta búlgaro Gueorgui Stoyanov, jurado, não quer se comprometer e me passar resultados, mas opina sobre o concorrente brasileiro. Define a posição que se irradiou em caráter oficioso, porque muito debatida e, por fim, traduzida em consenso do júri e da organização do festival. *Sargento Getúlio*, compreendido e elogiado pela crítica e pelo público brasileiro, era, de antemão, um filme incompatível com a plataforma política da mostra de Moscou. Stoyanov reconhece o talento e o tratamento artístico da direção, bem como a qualidade da interpretação do personagem. Mas, para o júri, o problema diz respeito ao nível de empatia: "Como sintonizar com a violência e a visceralidade de Getúlio, que faz lembrar carrascos históricos como os de García Lorca? Eu, como humanista – diz enfaticamente o diretor búlgaro –, não posso aceitar esta crueldade". Quanto ao conflito interno do sargento, reconhece que não percebeu muito bem.

Estão, portanto, descartadas as possibilidades de premiação do filme brasileiro e também de Lima Duarte. Questão de empatia com o personagem. Que sacrifica o intérprete. Análise inédita que provoca a revolta de outra jurada, minoritária, a atriz mexicana Blanca Guerrero. Ela faz questão de vir à mesa brasileira e apresentar a Lima Duarte a sua adesão. Insiste: considera Lima Duarte desrespeitado neste festival, porque, sem dúvida, é o melhor ator. Quer deixar registrado seu respeito e sua admiração e, ao mesmo tempo, sua desesperada luta pelo prêmio para o Brasil. Sente-se derrotada pelo processo de desgaste e pela impotência diante da "manipulação política" do festival. Hermano Penna, por seu lado, proclama: sabia que não dariam o prêmio a seu filme, por causa do propalado véu de violência que o encobriu. Mas o prêmio de Lima era indiscutível. Também concorda com Blanca Guerrero: um desrespeito ao ator brasileiro.

Ao derrotado, uma gravata: 21 de julho

De todos os intérpretes que acompanham a delegação brasileira, Alexandre é o mais sério. A Natacha mais jovem (fez 20 anos durante o festival) é ingênua, alegre, estuda Letras e português, quer saber de tudo sobre a arte brasileira. A Natacha mais velha é boa companheira, eficiente, leva a lojas e se veste pela moda, com calças Knicker. André, aluno do curso de intérpretes, inteligente, bem informado, conta a história dos monumentos, troca ideias entre Ocidente e União Soviética. Jornalista da Tass, às vésperas de ir trabalhar em Moçambique, veste-se à inglesa (já esteve em Londres, a serviço), solta gargalhadas, o que é raro, caminha desempenado e procura resolver, com agilidade, qualquer problema burocrático (só não resolveu o de telex, para mim). Igor, o desajeitado, é também jornalista, já passou por vários locais de trabalho, mas paira pelo mundo: um tipo à parte que os brasileiros elegeram para o filme *O militante trapalhão*. E Alexandre, o mais rígido e sério, eficiente e fechado, não se permite discutir o sistema soviético, fica alterado quando se debatem aspectos negativos e procura ser o mais discreto possível. Pois foi Alexandre que teve um gesto superafetivo com Hermano Penna, derrotado neste festival. Foi à rua e trouxe-lhe uma gravata de presente para poder comparecer à cerimônia oficial do Kremlin, à noite, momento culminante do festival.

Os prêmios serão entregues às 18 horas, em outra sessão solene da Sala Central do Hotel Rossia, mas já se sabe de tudo pela manhã. O júri do XIII Festival de Cinema de Moscou reage em perfeita sintonia à falta de energia estética da maioria dos filmes concorrentes. Premia a ausência de imaginação, os apelos fáceis ao humanismo melodramático e à demagogia política dos épicos. Distribui medalhas de ouro, de prata e prêmios especiais do júri, denotando como principal preocupação a geografia: homenagem a todos os continentes. Os jurados não se perturbaram nem mesmo ao destinar uma medalha de ouro à própria União Soviética (*Vassa*), anfitriã do grande festival.

Ficam contentes o Marrocos, a Nicarágua e a União Soviética com as medalhas de ouro. Para Bulgária, Alemanha Ocidental e Tchecoslováquia, as de prata. Destaques especiais a Alberto Sordi e a Robert Hossein (*Les misérables*). Um prêmio do júri para a Tunísia e diplomas de honra para Argentina, Mongólia e Romênia. Quanto aos atores, os melhores foram o polonês Wlodzimierz Gry, o japonês Ioshi Kato, a australiana Judy Davis e a norte-americana Jessica Lange.

O *hall* do Hotel Rossia, na ala do festival, amanheceu cheio de malas. Muitos partiriam logo após a exibição de seu filme, outros esperaram a divulgação dos prêmios, esta manhã, e boa parte aguarda as cerimônias finais, na Sala Central do hotel e no Kremlin (coquetel de encerramento). A articulação de horários de voos para sair da cidade é complicada. Os intérpretes se encarregaram das providências necessárias no labiríntico Rossia.

Saio do hotel ao entardecer. Uma viagem de sete horas, com escala em Frankfurt, me levará de volta a Lisboa a bordo da Aeroflot. Ao deixar o agitado Rossia, vem-me à memória o impreterível encerramento das rádios soviéticas, "Noites de Moscou", cujos acordes se fundem com o barulho do trânsito. Ficam para trás as águas limpas e tranquilas do rio e as cúpulas douradas da Praça Vermelha.

Visita a tio Herculano[9]

> *O Estado de S. Paulo*, pág. 19, 13 de setembro de 1977.

Foi em 1954 que, pela primeira vez, encarei as relações de parentesco com Alexandre Herculano: estava numa aula de literatura francesa, no Colégio Farroupilha de Porto Alegre (frequentado por descendentes de alemães), e o professor começou a falar da importância do autor português no romance histórico. Os elogios eram tantos que despertaram as reminiscências da infância em Portugal e a voz respeitada de meu avô que, aos domingos, reunia filhos, noras e netos, contava muitas histórias e, entre elas, lá vinham lembranças do tio Herculano. Eram ecos dispersos que aquele professor de francês reacendeu. A adolescente não sossegou e caiu na asneira de contar para ele, no intervalo, que o escritor era meu parente distante. Não tive mais tranquilidade: aos 12 anos, nua e crua em literatura portuguesa, com exceção dos poemas que decorara na escola primária, passei a ser sabatinada sobre "meu tio" em todas as aulas de francês. Distante das fontes autênticas, pedi socorro para tio Daniel, meu padrinho e irmão de meu pai, de fato o mais fiel dos longínquos sobrinhos de Herculano, bem como apelei para seu pai – o avô –, para que me enviassem subsídios. Ganhei quase toda a obra do autor e muitas cartas com referências familiares. A iniciação foi um aprendizado e nem tudo que me diziam dele estava na hora de entender.

"Declara que deixa como legado a seus dois irmãos, Dona Maria D'Assunção de Carvalho Galhardo, moradora em Lisboa, casada com Antônio Rodrigues, e José Felix de Carvalho e Araújo, residente no Porto, a propriedade literária das seguintes publicações..." No testamento de Alexandre Herculano Carvalho e Araújo, pude reconstruir o tronco familiar: a filha do irmão de Herculano, Maria Efigênia Carva-

---

9. Texto também publicado em Portugal, com a autorização do jornal brasileiro, no *Diário de Notícias*, págs. 5 e 6, em setembro de 1978

lho e Araújo, era a mãe de meu avô paterno, Armando Pereira de Araújo. Maria Efigênia, descendente direta de Herculano, sua sobrinha em primeiro grau, ainda usufruiu dos direitos autorais, e meus tios mais velhos lembram-se da avó repartir com eles o pouco que recebia. Mas a partir da sua morte, o filho de Maria Efigênia – sobrinho em segundo grau de Herculano – se desinteressou pela propriedade dos direitos, que, ao que tudo indica, caíram prematuramente em domínio público.

Armando Pereira de Araújo (meu avô) guardava em sua casa algumas edições originais, os volumes completos da História de Portugal, e no mais, restavam como imagens fortes os traços de caráter de Herculano. Nem sei se um deles — muito cultivado na família —, seu anticlericalismo, seu antimarianismo e sua rejeição ao voto de castidade não provocaram o rompimento de meu avô com a Igreja Católica. Professor em uma escola protestante do Porto, aos 20 anos, o certo é que Armando tornou-se pastor, além de jornalista e ensaísta. Minha família paterna, centralizada nesta figura que aliviava a autoridade austera no bom humor e no trato afável, não tinha muito espaço para cultivar mitos do passado. Na casa desse avô, a personalidade que havia para admirar era ele e não se recorria a Alexandre Herculano. O pastor Araújo foi tão forte em si que, depois de 50 anos de dedicação à Igreja Evangélica Portuguesa (de ascendência anglicana), foi nomeado bispo de Portugal, às vésperas da morte. Por outro lado, deixava uma série de obras, muitas de caráter teológico, que, na prateleira doméstica, rivalizavam com os monumentos literários de Herculano.

Se a sombra do romântico e historiador português não foi asfixiante na família — ao contrário, notava-se até certo desleixo ao culto do escritor —, houve sempre alguns traços subjacentes que ponteavam as referências a Herculano. Meu avô, em suas cartas para a distante neta do Brasil, destacava "o homem exemplar, muito liberal", ou a "fibra de caráter" desse nosso tio. Houve também alguns conselhos de ordem literária: "Para desenvolveres uma boa escrita, um estilo claro e sólido, não deixes de ler as páginas de Herculano". Era difícil seguir o conselho. As tentativas de iniciação a Alexandre Herculano esbarraram em *O bobo*, tropeçaram em *O monge de Cister*, mas, quando cheguei a *Eurico, o presbítero* — então próximo do fim do segundo ciclo, às vésperas de um vestibular que, em 1960, exigia dissertação por escrito e apresentação oral das obras literárias —, descobri que esse escritor tinha uma atmosfera que, para além das obrigações, me atraía. Encontrei anotações da época que não chegaram às mãos de meu avô porque ele já tinha morrido. Gostaria de ter lhe mostrado (pensando em seu conselho) a descoberta de dois períodos para mim míticos, um pela sua espessura, outro pela concisão. Como alguém pode dominar dessa forma a arquitetura de uma frase? Assim:

> A esta gente bruta e indomável, cujo esforço vem das crenças da outra vida, se ajuntam os esquadrões de cavaleiros sarracenos que vagueiam pelas solidões da Arábia, pelas planícies do Egito e pelos vales da Síria, e que, montados nas suas éguas ligeiras, podem rir-se do pesado franquismo dos Godos, acometendo e fugindo para acometerem de novo, rápidos como o pensamento, volteando ao redor de seus inimigos, falseando-lhes as armas pela juntura das peças, cercando-lhes os membros desguarnecidos, quase sem serem vistos, e apesar de sua incrível destreza, pelejando, quando cumpre, frente a frente, descarregando tremendos golpes de espada, topando em cheio com a lança no riste, como os guerreiros da Europa, e assaz robustos para muitas vezes os fazerem voar da sela nestes recontros violentos: homens, enfim, que, sem orgulho, se podem crer os primeiros do mundo num campo de batalha, pelo valor e pela ciência da guerra.

E em contraste com este período, o outro: *Morri, porém não para isso que, na linguagem mentirosa do mundo, se chama a vida.*

Foi preciso percorrer muitos autores e passar, anos mais tarde, por Jorge Luis Borges, inclusive, para voltar a Alexandre Herculano e perceber sua arte gótica. A figura do historiador era mais imediata, a do polemista de questões públicas também me impressionou muito antes. No momento em que as Américas se libertavam e a Europa lutava para sair do despotismo (mesmo que esclarecido) para o liberalismo, Herculano agiu com extrema coerência em relação ao seu pensamento, na época de vanguarda: sem ser hábil como político, projetou na vida pública questões que vão da estrutura e das técnicas agrícolas à divulgação de Caixas Econômicas, polêmicas sobre o casamento civil, a instrução pública, a situação dos professores primários, a preservação dos monumentos históricos contra a sede de modernização, a estrutura municipalista, a liberdade de imprensa e a condenação sumária à censura prévia ao teatro. Em meio a muitas oportunidades de se tornar um historiador do poder ou um político de antecâmaras, a firmeza de Herculano chegou a ser acintosa. As comendas eram recusadas até quando vinham das mãos de reis que o cortejavam em sua modesta casa. À oferta de títulos nobiliárquicos respondia com a orgulhosa afirmação do filho de simples funcionário público e neto de pedreiro. *Pertenço pelo berço a uma classe obscura e modesta: quero morrer onde nasci.*

Não é de admirar, pois, que o peso do caráter de Herculano fosse a herança mais real na família Araújo. Cada vez que ele pediu demissão de um cargo por princípios políticos, estava acrescentando uma pedra aos alicerces de seu avô mestre de obras, e foi essa construção simbólica que ficou impressa, mais nítida até que a própria obra literária. "Era um teimoso honrado, um pensador insubmisso", como disse Alberto Pimentel, escritor português (1849-1925). A coerência fazia-o não temer a exposição de suas ideias em público, o que, aliás, era seu principal argumento em favor da instrução: *Um povo empregado na ignorância e bruteza, será mais fácil oprimi-lo do que governá-lo; ou antes diremos que é necessário regê-lo com vara de ferro, para que não se converta em uma besta-fera; ao passo que o povo ilustrado facilmente se governa, sendo ao mesmo tempo impossível oprimi-lo.*

O legado de Alexandre Herculano nos círculos literários portugueses, brasileiros ou de outras latitudes pode ser decantado sob a égide do romance histórico ou a prática pioneira em Portugal do romantismo de ascese alemã ou da poesia mística. O legado do historiador, já a seu tempo, foi louvado por academias e institutos de História da Baviera, de Madri, de Turim, da França ou de Nova York: ninguém lhe nega o mérito de ter instaurado o reino da documentação histórica, da pesquisa paciente nos arquivos em lugar do brilho das lendas ou dos contos favoráveis à tradição aristocrática, mesmo que com isso comprasse grandes inimizades. O legado para a cultura artística — em se tratando de coleta das mesmas lendas que isolou da História, ou recolhendo toda a evolução do teatro hispânico que precedeu a era moderna — é outra marca indiscutível do tenaz trabalho de Herculano em mais de quatro décadas. Há ainda os que o lembram como herói de revoluções liberais e desterrado por elas. Mas no balanço final, o que pude inferir de seus vestígios na cena familiar sempre que a ele se referiam foi a fibra esculpida no próprio rosto anguloso do retrato que havia na sala:

Eu nunca fiz soar meus pobres cantos
Nos paços dos senhores!
Eu Jamais consagrei hymno mentido
Da terra aos opressores.

Reflexões IV: Palavras de afeto

Posso dizer, sem falhar à memória, que o grupo de trabalho tem sido uma constante. Já no ensino fundamental e médio da escola em Porto Alegre prezava a associação a colegas nas tarefas em casa ou nas dificuldades a ser resolvidas após as classes, fosse em matemática, português, geografia ou história. O prazer de compartilhar o conhecimento se enraizou definitivamente de tal modo que, ao chegar à universidade no início dos anos 1960, não seria difícil aderir à rebeldia jovem e aos anseios coletivos de transformação da realidade brasileira. O principal foco era a injustiça social do Nordeste, mas nenhuma região escapava à intranquilidade dos estudantes, dos rincões gaúchos à Amazônia.

Os alunos de Jornalismo na Universidade Federal do Rio Grande do Sul (UFRGS) consumiam avidamente Marx e Sartre, se lançavam às técnicas profissionais e, de imediato, praticavam a reportagem em todos os meios disponíveis na academia (à época, imprensa e rádio). O grupo era mínimo, não chegávamos a dez, mas a união estudantil agregava os três anos de Jornalismo, mais os ativistas dos demais cursos da Faculdade de Filosofia, Ciências e Letras: todos se integravam no sonho revolucionário.

A entrega à causa ultrapassava os deveres acadêmicos, pois trabalhávamos voluntariamente em cursos de alfabetização de adultos ou em atividades artísticas no programa da União Nacional dos Estudantes (UNE). Havia mesmo um periódico impresso, O Universitário, em que a cobertura jornalística seguia a pauta da emergência política e exigia dos repórteres a responsabilidade social inerente ao jornalista. Muito aprendemos na universidade, numa formação que privilegiava as humanidades, mas não descuidava das técnicas.

A formatura no curso de Jornalismo da UFRGS anunciou tempos contrários às utopias do pequeno grupo que já ensaiava os primeiros passos no mercado. Soubemos pelo paraninfo, querido professor de Ciência Política, Leônidas Xausa (falecido em 1998), que alguma coisa de muito grave estava acontecendo em Minas Gerais. A essa hora, nem tínhamos colado grau, na noite de 31 de março de 1964.

Os 50 anos de resistência que se seguiram até esta edição não esmoreceram a *Atravessagem* e, como no poema do colega de turma Sinval Medina, *nem sei direito, no meio da corrente, se estou de partida ou de regresso*.

Mas quero voltar à constante do trabalho em grupo e do olhar voltado para o coletivo. Como jornalista ou como pesquisadora/educadora, a necessidade da formação de equipe se sobrepõe à realização solo. Chego aonde queria chegar: manifestar a gratidão a todos os que marcam presença na memória de repórter aqui registrada. Nas entrelinhas, os que, numa relação de generosa interatividade, proporcionaram estas e muitas outras reportagens. Aos autores de uma bibliografia sem fronteiras, devo estudos permanentes que ainda não se cumpriram em todas as áreas de conhecimento científico. Dos artistas, nas mais variadas expressões, recebo todo dia a aura do profundo humano ser.

A comunhão familiar merece constante remissão tanto no país banhado pelo Sol quanto no além-mar – pais e sogros, tios (em memória), irmã, filhos e netos, cunhados e primos, seus descendentes. Sempre destaco nas dedicatórias o companheiro e escritor Sinval Medina, o núcleo íntimo dos filhos, Ana Flávia e Daniel, seus companheiros, Carlos Eduardo e Renata, pais dos netos Gabriel, Alice e Tomás. A família do berço português, a família expandida em Porto Alegre e os amigos tão familiares da fixação em São Paulo me legaram a solda dos afetos.

Há de se sublinhar a presença dos incontáveis alunos que passaram pelos laboratórios e projetos de pesquisa. A assinatura de mais de 500 autores já pertence ao domínio público nas 52 coletâneas publicadas, dissertações de mestrado e teses de doutorado defendidas a partir dos anos 1980. No entanto, me detenho agora na colaboração preciosa de Raúl Hernando Osorio Vargas, da Colômbia, e de Pedro Ortiz, de São Paulo, que atualizaram a escrita de repórter. A gratidão também a Dimas A. Künsch, que, no posfácio, analisou a escrita ensaística produzida nas últimas quatro décadas.

Entre os orientandos, hoje jornalistas, mestres e doutores, amigos e parceiros que povoam universidades ou meios de comunicação social, manifesto ainda o oportuno agradecimento aos atuais doutorandos e a uma pós-doutoranda que me ajudaram na digitação de textos anteriores à computação: Edson Capoano, Mara Rovida, Cicélia Pincer, Renato Essenfelder, Maria Isabel Amphilo, Paulo Quadros. Ao secretário Paulo Bontempi, sempre disposto a ajudar nas providências internas da Escola de Comunicações e Artes, o afeto de décadas.

No *Estado de S. Paulo*, onde atuei durante dez anos, sempre contei com a parceria de Maria de Lourdes Monteiro Huertas, secretária de Ruy Mesquita (1925-2013) e de Júlio de Mesquita Neto (1922-1996). Ao planejar este livro, em 2013, foi ela que me encaminhou a Edmundo Leite. Coordenador do arquivo e dirigente responsável pela digitação das edições do jornal, gentilmente se prontificou a procurar comigo as reportagens que selecionei dessa fase.

Cumprida a etapa de redação e organização dos Reflexos e Reflexões, elegi o poema que abre o romance Memorial de Santa Cruz (1983), de Sinval Medina, para título e epígrafe. Mas além dessa definitiva inspiração de *Atravessagem*, o romancista me brindou com um denso prefácio, prova da cumplicidade intelectual e entrega afetiva que remonta aos bancos universitários no início dos anos 1960.

E, é claro, de antemão agradeço aos leitores que me privilegiarem com sua atenção.

Posfácio
Chiquita Bacana
"só faz o que manda seu coração"[10]

DIMAS A. KÜNSCH[11]

> "Ao chegar ao Rio de Janeiro [em 16 de abril de 1953, aos 11 anos], estava mais para Chiquita Bacana do que para fado. Decorara a letra da marchinha de carnaval no Serpa Pinto. [...] a comunhão foi total com a Chiquita no ritmo e no último verso: só faz o que manda seu coração."
> Cremilda Medina, *Casas da viagem – de bem com a vida ou no mundo dos afetos* (São Paulo: Edição da Autora, 2012, p. 48)

Parte I – Da tradição das carpideiras a "50 anos das ciências da comunicação no Brasil: a contribuição de São Paulo"

Valho-me neste primeiro instante de minha fala de longos prolegômenos, quase um despropósito, com duas simples intenções. A primeira é de aplauso aos organizadores deste evento – e o aplauso ganha em vigor no contraste com uma atitude de frequente perplexidade, quando não de mau humor e de desesperança, na fértil seara da comunicação. A segunda intenção é a de focar a fertilidade de que eu falava na frase anterior numa história de vida real, não abstrata nem imaginária.

---

10. Texto apresentado durante o ciclo de conferências "50 anos de Ciências da Comunicação no Brasil: a contribuição de São Paulo" (São Paulo, Fapesp/Intercom, agosto a outubro de 2013), como comentário à obra *Notícia, um produto à venda – Jornalismo na sociedade industrial*, de Cremilda Medina.

11. Dimas Künsch, graduado em Filosofia, mestre e doutor pela Universidade de São Paulo, coordena o programa de pós-graduação em Jornalismo da Faculdade Cásper Líbero. Seus temas prediletos de pesquisa: o pensamento da complexidade e compreensão, narrativas e universo mítico.

Cremilda Medina, a quem tanto prezo, amiga e companheira de tantos momentos, orientadora de mestrado e doutorado – quanta saudade! –, incentivadora, mestre sábia e diligente, quase mãe ou matriarca, severa às vezes, tanto quanto terna, dialógica e doce, se faz presente nestas minhas palavras como símbolo vivo de protagonismo, como pessoa igual a outros e outras neste nosso vale, que não é nem de longe só de lágrimas, da comunicação. Igual e especial. Porque, com Harry Pross e com alguém muito mais próximo de nós, Norval Baitello Júnior, nunca é demais recordar que comunicação era, é e será, primordialmente, um assunto de corpos: a comunicação é, primeiro, de carne e osso, de memória, de experiência vivida. É vida, primeiro e acima de tudo.

Sempre foi assim, e sempre será assim no caso da comunicação como no da não comunicação. Aos integrados como aos apocalípticos, aos fascinados pelas tecnologias digitais tanto quanto aos neoluditas de toda estirpe, nunca é demais relembrar o trecho do discurso do personagem principal de *O grande ditador*, quando ele diz algo mais ou menos assim: humanos é o que sois, não máquinas.

Eis a percepção que tanto estimo, a que dou o nome nada modesto de epistemologia da compreensão: a vida antes da máquina. *Primum vivere deinde philosophare*. As tão adoráveis máquinas que piscam, seduzem e encantam não devem pelo amor de Deus substituir aquilo que Medina, anos afora, vem batalhando para tornar claro por via de seus muitos livros, artigos, aulas, palestras e conferências, em tantas rodas de conversa: o *signo da relação*, no melhor espírito do que propõe um dos autores que a inspiraram, Martin Buber. Funcionários da máquina que somos (Vilém Flusser), nós os que as criamos, é tempo, verdadeiro *kairós*, de retomar com força ideias como essa já bem antiga neste nosso mundo em ebulição da América Latina: a da mudança urgente de foco dos meios às mediações (Jesús Martín-Barbero). Dos meios e das mediações para os sujeitos, os protagonistas sociais, heróis e anti-heróis. Gente, enfim.

Agora, a perplexidade e o mau humor aos quais eu me referia linhas antes.

"Da arte de carpir defunto vivo." Este é o título da parte inicial de um texto, publicado em 2012, em que eu criticava uma atitude que considero bastante comum no universo da comunicação (Künsch, 2012). Essa atitude, eu quero com imenso prazer repetir e deixar registrado neste momento, é negada neste evento, *Gottsei Dank*, que lembra sem choro nem ranger de dentes, mas com orgulho e forte sentimento de responsabilidade, os "50 anos das Ciências da Comunicação no Brasil: a contribuição de São Paulo".

Agradecendo pelo convite para comentar uma das obras de uma personagem tão importante para o jornalismo e a comunicação no Brasil, Cremilda Medina, declaro que não vi carpideiras por aí nem ouvi, sequer de longe, seu lamento. Porque a atitude inspiradora deste evento é outra que a das carpideiras: de afirmação, não de negação. De compreensão, no mais original sentido da palavra latina *comprehendere*, e não de reducionismo simbólico e prático ou de simplificação aplicada ao território em movimento da comunicação.

Mas voltemos às carpideiras, com a intenção explícita de prestar uma homenagem a quantos, como Cremilda Medina, nesse "mundão véio sem porteira", para utilizar uma expressão de que ela tanto gosta, protagonizam gestos e ações que ampliam a nossa compreensão teórica e prática das ciências da comunicação e nos colocam a par de nossas responsabilidades, tanto quanto de nossas indigências – num mundo de incertezas, este nosso, terrivelmente mais que de certezas. Mundo de buscas. De compreensão, mais que de explicação. Mundo de talvez, mais que de portanto.

No texto das carpideiras, eu dizia que "o pranto e a lamentação do 'campo' e sua indigência, moral mais que teórico-epistemológica, se fazem nota dominante em livros os mais diversos da área de comunicação, como em diferentes fóruns de pesquisa e debate. Reclama-se à vontade"[12].

A obsessiva caça do objeto, nunca até hoje de fato encontrado no arraial triste desse modelo de pensamento, se faz parceira de outra busca, tão empenhativa e suada quanto. Trata-se da procura compulsiva pelas teorias do "campo" – se é que teorias há, como se perguntam alguns, ou se é que não há teorias demais, como supõem outros. De um ou de outro modo sofreria o campo científico da comunicação de um mal lamentável: no primeiro caso, de desnutrição teórica crônica e, no segundo, de obesidade teórica mórbida.

Vistas as coisas desse ângulo – eu continuava, tomado de um nada bendito furor –, um sentimento negativo de irrelevância, uma sensação de desalento acaba por contaminar o ofício e abalar os ânimos do pesquisador de um campo que, todos parecem concordar, se constitui como campo, mas às vezes mais e às vezes

---

12. A partir daqui, até o final do subtítulo, cito livremente partes do texto indicado.

menos não se sabe de verdade que campo é. E toca procurar, qual Diógenes com sua lanterna acesa em pleno dia nas ruas de uma Atenas em ruínas: cadê o ser humano? Cadê, pois, em nosso caso, a comunicação?

A metáfora das carpideiras é forte naquilo que ela tem de promessa hermenêutica num contexto, descrito aqui por mim com algum evidente exagero, de pretensa calamidade intelectual, de opção pela choradeira. Mas é também fraca quando se leva em conta que não há propriamente morto algum por cuja morte se chorar. Não há. Mas é infelizmente assim que, com ou sem defunto, no admirável mundo novo da comunicação contemporânea, de um modo que considero de absoluto desprezo pela ideia de compreensão, de verdadeira falta de respeito, continua-se a lamentar e a se sofrer por causa de um conjunto anunciado de ausências: de um objeto, de teorias, de conceitos claros, de método... Chora-se a valer.

O mau humor reverbera cursos de graduação e de pós-graduação adentro. Mestres afoitos parecem dar ouvidos à voz de Jeremias, quando ele diz: "Apressem-se e levantem sobre nós o seu lamento, para que os nossos olhos se desfaçam em lágrimas, e as nossas pálpebras destilem água" (9.18). Ou quando o profeta insiste: "Ouvi, pois, vós, mulheres, a palavra do Senhor, e os vossos ouvidos recebam a palavra da sua boca; ensinai o pranto a vossas filhas; e, cada uma à sua companheira, a lamentação" (9.20).

A erudição arrogante segue disposta a fazer tábula rasa da história e da vida, insistindo em não ver nada onde muita coisa há para ser vista. Nesse mundo simplório e de opção pela choradeira, não se tecem sentidos, como propõe o pensamento da complexidade (Morin). Não se produzem abraços teóricos, diálogos e exercícios de complementaridades entre opostos (Heráclito), como se poderia esperar de um pensamento de matriz compreensiva. Para que servem então – poder-se-ia perguntar às carpideiras – tantas décadas de estudos e pesquisas comunicacionais, teorias, escolas, livros, revistas científicas? Não representaria absolutamente nada uma quantidade tão grande de pesquisadores, autores, centros, grupos e projetos de pesquisa, cursos aos milhares em instituições de ensino superior, faculdades, universidades? E os profissionais todos, produtores de conteúdos, inventores de formatos, desbravadores de novas linguagens midiáticas?

Estariam perdendo seu tempo, como heróis sem causa e condenados ao desprezo, por exemplo, os milhares de mestres e doutores que ao longo dos anos se formam, nos mais de quarenta programas de *stricto sensu* em Comunicação atualmente em funcionamento no Brasil?

Tudo somado – eu encerro esta parte –, tanto as virtudes quanto os vícios dessa trajetória histórica das ciências da comunicação pelo Brasil e pelo mundo afora, vale renovar a pergunta, dirigida, me desculpem, às carpideiras: onde a indigência real? Onde o defunto?

Parte II – De Cremilda Medina, "a lagostinha" para o rei dos mares, ou "miss Serpa Pinto" para os passageiros do navio

A vida antes da filosofia, ou, como diria Ortega y Gasset, o raciovitalismo. Essas pequenas coisas que põem o corpo na frente da abstração cognitiva. Coisas pequenas que, como dizia Nietzsche, que Medina (2012, p. 133) cita em sua mais recente obra – *Casas da viagem – De bem com a vida ou afetos do mundo* –, são "inconcebivelmente mais importantes que tudo o que até agora se considerou importante".

À vida, pois.

Ao atravessar a linha do Equador em abril de 1953 a bordo do Serpa Pinto em companhia da mãe, Joaquina, e da irmã, Dina – o pai, Zeca, as esperava no Brasil –, nos 16 dias de viagem que separavam a cidade do Porto da do Rio de Janeiro, a menina Cremilda, 11 anos, receberia o diploma de batismo e um nome, dado por Netuno, o Rei dos Mares: *Lagostinha*, depois *Miss Serpa Pinto*, título anunciado à meia-noite num dos bailes do navio (2012, p. 39-40). "Ao chegar ao Rio de Janeiro", ela conta, "estava mais para *Chiquita Bacana* do que para fado". Havia decorado, no Serpa Pinto, a letra da marchinha de carnaval:

> *Chiquita Bacana, lá da Martinica,*
> *se veste com uma casca de banana nanica,*
> *não usa vestido, não usa calção,*
> *inverno pra ela é pleno verão.*
> *Existencialista, com toda a razão!*
> *Só faz o que manda o seu coração.*

De Martinica, banana nanica ou existencialismo ela manjava pouco, ou nada, na época, menina que era. "Agora, a comunhão foi total com a Chiquita no último verso: *só faz o que manda o seu coração*", ela diz (2012, p. 48).

E quantas coisas o coração a mandou fazer, desde então, para o jornalismo e para a Comunicação, sempre trabalhando para jamais desvincular uma epistemologia da ciência de uma epistemologia da prática (Boaventura de Sousa Santos), a sala de aula e o laboratório, o ensino e a pesquisa, a hoje em crise sala de redação e a rua, no cultivo do que ela chama de *A arte de tecer o presente*, seu primeiro livro, com Paulo Roberto Leandro, lançado artesanalmente em 1973, lido, relido, desgastado pelo uso Brasil afora, nascido nessa época em que se formatavam as disciplinas de Jornalismo Informativo, Jornalismo Opinativo e Jornalismo Interpretativo – aliás, Medina nunca renunciou à crença nos poderes da interpretação, que a conduziriam, com o tempo, à dialogia de *Entrevista – O diálogo possível*, título de uma de suas obras mais citadas, à reportagem, à grande reportagem, à vida, à rua, aos afetos – inspirada em ideias recolhidas lá atrás de Nietzsche, Freud e Marx, no já citado *A arte de tecer o presente*, o avô, de 1973, não esse de 2003, lançado pela Summus, *A arte de tecer o presente – Narrativa e cotidiano*, que também existe e que também encanta.

E o coração a guiou para os caminhos das Letras e do Jornalismo, entre 1961 e 1964, na Federal do Rio Grande do Sul – a família morava em Porto Alegre. Em 1971, desembarcaria em São Paulo, literalmente, com mala e cuia, ela, aos 29 anos, o marido Sinval e as duas crianças, bebês ainda, Ana Flávia e Daniel. Professora da Universidade Federal do Rio Grande do Sul desde 1967, tinha ouvido dizer, no final de 1970, que a Universidade de São Paulo (USP) abriria o primeiro curso de pós-graduação em Comunicação da América Latina.

Ainda em dezembro de 1970 viera colher informações em São Paulo, na própria USP. Conheceu então o chefe do Departamento de Jornalismo da Escola de Comunicações e Artes (ECA), José Marques de Melo. "Muito ao seu generoso perfil", relata Medina, "de imediato convidou a possível migrante para se mudar para São Paulo e trabalhar na ECA". Ela continua: "O curso de pós só seria implantado em 1972, mas comecei a dar aula na USP em 1971. Por que queria eu fazer pós-graduação (seria a primeira mestre latino-americana em 1975), se havia à época o direito de defender doutorado pelo meu tempo de magistério superior? Queria porque queria" (Medina, 2012, p. 136).

Trouxe de Porto Alegre o projeto que depois transformaria em dissertação de mestrado, com o título *A estrutura da mensagem jornalística*. Diz que foi iniciada à metodologia de pesquisa "pela via de análise de conteúdo nos meios da comunicação coletiva, sob orientação de José Marques de Melo", mas que logo, sem desqualificar o que aprendera, "transcenderia os estudos quantitativos para uma contextualização sociocultural do jornalismo, tema da dissertação de mestrado", que viraria depois *Notícia, um produto à venda – Jornalismo na sociedade urbana e industrial*. Lançado em 1978 pela Alfa-Omega e, dez anos depois, em segunda edição, pela Summus, seria o segundo de uma série de mais de 60 livros publicados/organizados.

Os temas que incomodavam a autora em sua relação visceral com o jornalismo, no mesmo ano de 1972 em que ela iniciaria o mestrado que conduziu ao livro, passariam pelo crivo de uma especialização em Quito, Equador, em Estudos Superiores de Jornalismo, pelo Centro Internacional de Estudios Superiores de Comunicación para América Latina (Ciespal). "Por que os do Sul tinham de ser colonizados pela visão de mundo do Norte?", ela se perguntava no Ciespal, em plena discussão sobre o projeto de uma Nova Ordem Mundial da Informação e da Comunicação, apoiado pela Unesco, lançado no início dos anos 1970. "Por que a metodologia, as teorias *explicativas*, a conceituação delimitada não se abriam às inovações da América Latina?" (Medina, 2012, p. 137).

Medina, que se apropriando de uma imagem do marido, o jornalista e escritor Sinval Medina, veio do Hemisfério Noite para o Hemisfério Sol, escreve:

> Apesar das circunstâncias da censura e da repressão, dava meu depoimento como pesquisadora e jornalista militante nos debates acalorados com meus colegas ciespalinos, chamando o foco para as contradições e não para o maniqueísmo. Se a notícia era um produto industrial, hoje um produto pós-industrial, a representação do real em uma narrativa se dá em um contexto simbólico atravessado por múltiplas forças e não apenas conformada pelo determinismo econômico-político ou político-econômico. Foi duro discutir essa complexidade na ECA dos anos de chumbo, no Ciespal da dicotomia difusionismo/teoria crítica ou em qualquer fórum que debatia, ao longo dos anos 1970-80, a censura e a livre-expressão. Mas a estante de autores latino-americanos, fruto do pensamento que se expressava ao Sul em contraponto à hegemonia bibliográfica do Norte, reuniria em Quito uma massa crítica significativa. (Medina, 2012, p. 137)

Parte III – *Notícia, um produto à venda*: de Otto Groth a João do Rio, da ideia de comunicação de massa à de jornalismo como técnica, ética e estética, num mundo que, como escreveu Guimarães Rosa, é "misturado"

Bem situada no contexto dos anos 1970 – de Guerra Fria, de ditaduras horrorosas, nada "brandas", de Ciespal, de Nova Ordem da Comunicação, de pós-1968 etc., e, mais importante ainda, de nascimento da pós-graduação em Comunicação no Brasil – o lugar por excelência do estudo e da pesquisa –, na USP, *Notícia, um produto à venda* faz justiça, tanto quanto possível na trajetória intelectual e profissional da autora, às coisas para ela sempre muito importantes:

1. Busca iluminação nas mais clássicas teorias e nos mais clássicos autores da chamada comunicação de massa e, dentro dessa, do jornalismo, para tentar fixar o lugar social e a relevância dos esforços produzidos no Hemisfério Sol. A "hegemonia bibliográfica do Norte", a que se refere Medina, confrontar-se-ia, com o tempo, com uma vasta produção bibliográfica da própria *Miss Serpa Pinto*.

2. Pensa o real, o social, o urbano e o industrial junto com a comunicação e o jornalismo, "chamando o foco para as contradições, e não para o maniqueísmo". É nesse sentido que a autora visita com olhar crítico a teoria crítica (de Adorno e Habermas, principalmente), identificando aí o maniqueísmo, segundo ela diz, tão caro às chamadas esquerdas, em tempos de cerceamento das ideias e de repressão. Ela se diverte, com afinco acadêmico, com a exposição das ideias funcionalistas do grande Otto Groth e suas leis sobre o funcionamento do fenômeno jornalístico e a caracterização, importante, de sua natureza.

3. A ideia nietzscheana de "rede de forças" e a sugestão, dada por ele, de multiperspectividade na interpretação dos fenômenos, aparece na expressão de Medina de que a notícia, como representação ou narrativa do real numa sociedade urbana e industrial, "se dá em um contexto simbólico atravessado por múltiplas forças, e não apenas conformado pelo determinismo econômico-político, ou político-econômico". Ideia que serve de adubo a projetos de pesquisa futuros de muito robusta consistência, o *São Paulo de Perfil* e o *Saber Plural*.

4. O namoro, desde *illo tempore,* com a complexidade do real, no seguimento das ideias de Edgar Morin, entre outros, a faz trazer da Bélgica a obra de Jean Lohisse que resultou de sua tese de doutoramento, *La Communication anonyme* (1969), para quem a cultura de massa merece diferenciações relativas ao nível massa, ao nível grupal e ao nível pessoal. Complexa, a cultura de massa produz e reproduz conteúdos de tipo *lidertípico, arquetípico* e *osmotípico,* diria Lohisse. Massa que não é massa. É complexa. Porque é gente.
5. O jornalismo vivo e vívido a que aspira na pesquisa e teoria acadêmica como na prática profissional a leva ao Rio de Janeiro do início do século 20, ao grande centro urbano em transformação, ao berço da reportagem no Brasil, na vida e obra de João do Rio. Da opinião à notícia. Do escritor individual ao corpo de repórteres e à sala de redação.
6. A sala de redação, o exercício da profissão, o cultivo irrenunciável da rua, do cotidiano, da vida – tão orgulhosa, ela, do seu ser de jornalista, repórter e editora –, aparece com força em *Notícia, um produto à venda*, na verificação atenta da estrutura da notícia e da composição da reportagem nas páginas vivas e atraentes do *Jornal da Tarde* de então, onde a autora trabalhava – um jornal, *ad memoriam*, que nascera na segunda metade dos anos 1960 para apostar nas virtualidades da reportagem em profundidade, da boa escrita, da apuração séria, do diálogo entre técnica, a ética e a estética, que a autora tanto preza reivindicar.

Termino, de novo agradecendo a todos, agora inclusive por terem me ouvido, e citando um trecho, que me parece importante, de um livro que todos aqui conhecem. Faço-o para brincar com o tempo, e para mostrar que o tempo, ai meu Deus!, é muito divertido. Porque o diverso é divertido. Diverte.

O trecho traz à lembrança "o extraordinário progresso experimentado pelas técnicas de comunicação". O autor enxerga nessas técnicas maravilhosas uma conquista da humanidade e ao mesmo tempo um desafio. Da conquista muito se fala, acredita o autor. Quer chamar a atenção para o desafio. Ele diz que "o avanço tecnológico impõe uma séria revisão e reestruturação dos pressupostos teóricos de tudo que se entende por comunicação".

Eta mundão véio sem porteira! O texto refere-se ao "progresso experimentado pelas técnicas de comunicação de 1970 para cá". É do editor e abre a segunda edição de *Notícia, um produto à venda,* pela Summus, em 1988.

Qualquer semelhança com o que estamos acostumados a ouvir, nestes nossos tempos gloriosos de tecnologias digitais, não é mera coincidência.

Bem que dizia a minha avó, a Charlotte Giesen, meio que para tudo: *Mein Gott*!

Referências bibliográficas

Künsch, Dimas A. *Maus pensamentos: os mistérios do mundo e a reportagem jornalística*. São Paulo: Annablume/Fapesp, 2000.

_____. "Teoria compreensiva da comunicação". In: Künsch, Dimas A.; Barros, Laan Mendes de (orgs.). *Comunicação, saber, arte ou ciência: questões de teoria e epistemologia*. São Paulo: Plêiade, 2008, p. 173-95.

_____. "A comunicação e suas teorias: pensar com, ou de como pensar compreensivamente". In: Gottlieb, Liana (org.). *Coleção comunicação em cena vol. 1*. São Paulo: Scortecci, 2012, p. 205-21.

Medina, Cremilda. *Entrevista – O diálogo possível*. 2. ed. São Paulo: Ática, 1990.

_____. *Notícia, um produto à venda – Jornalismo na sociedade urbana e industrial*. 2. ed. São Paulo: Summus, 1988.

_____. *A arte de tecer o presente – Narrativa e cotidiano*. São Paulo: Summus, 2003.

_____. *Casas da viagem – De bem com a vida ou afetos do mundo*. São Paulo: Edição da Autora, 2012.

leia também

A ARTE DE TECER O PRESENTE
Narrativa e cotidiano
Cremilda Medina

A consagrada jornalista, pesquisadora e professora presenteia-nos com uma obra que reúne experiências compartilhadas, tecendo conceitos e vivências de forma inseparável. Ensaística, didática e confessional, ultrapassa o debate acadêmico, demolindo ideias e convicções preconcebidas e fundindo teoria e prática, reflexão e experiência, razão e sensibilidade.

REF. 10848   ISBN 978-85-323-0848-1

CIÊNCIA E JORNALISMO
Da herança positivista ao diálogo dos afetos
Cremilda Medina

As marcas do positivismo estão presentes no trabalho do cientista e do jornalista, mas as competências técnicas de ambos passaram por crises no último século. Para melhor perceber a influência dessa herança no fazer jornalístico, a autora articula reflexão teórica com prática narrativa em oposição à técnica tradicional da entrevista ou da observação dos fenômenos contemporâneos.

REF. 10525   ISBN 978-85-323-0525-1

NOTÍCIA: UM PRODUTO À VENDA
Jornalismo na sociedade urbana e industrial
Cremilda Medina

Este livro propõe um modelo de análise do fenômeno jornalístico que elucida vários aspectos do processamento da notícia. O tratamento das informações jornalísticas é abordado no próprio âmbito das redações, onde se cria e formula um produto para venda em banca: a notícia.

REF. 10325   ISBN 85-323-0325-0

www.gruposummus.com.br

IMPRESSO NA GRÁFICA sumago
sumago gráfica editorial ltda
rua itauna, 789 vila maria
02111-031 são paulo sp
tel e fax 11 **2955 5636**
sumago@sumago.com.br